SEF Collana	NEO-FUNZIONALISMO E SISTEMI INTEGRATI

Scuola Europea di Formazione in Psicologia e Psicoterapia Funzionale

Collana Neo-Funzionalismo e Sistemi Integrati

Questa pubblicazione fa parte della collana dedicata al Neo-Funzionalismo, ovvero un'Area scientifica di pensiero, ideata e messa a punto dagli anni '80 in poi da Luciano Rispoli, di cui la Psicoterapia Funzionale è uno dei metodi operativi. Ogni libro tratta un tema specifico legato ad un determinato campo d'intervento della Psicologia Funzionale.

Teresa Sorrentino

IL SOGNO IN PSICOTERAPIA

Dalle interpretazioni tradizionali al Neo-Funzionalismo

Redazione
Luciano Rispoli
Paola Bovo, Paola De Vita

Hanno curato questa pubblicazione

Paola De Vita, M. Nadia Lucci, Claudia Sciacchitano

Facebook:
https://www.facebook.com/scuola.di.psicoterapia.sef

Email:
formazione@psicologiafunzionale.it

I lettori che desiderano informarsi sulle pubblicazioni inerenti al Neo-Funzionalismo (libri, articoli, rivista on line, ebook) possono consultare il nostro sito Internet www.psicologiafunzionale.it e iscriversi nella home-page al servizio "Resta Informato" per ricevere le nostre novità

"Ai miei due sogni Alessia e Sara Lucrezia"

Premessa

È con molto piacere che presento questo lavoro di Teresa Sorrentino, professionista che stimo e cara amica. Un interessante libro che illustra il sogno in psicoterapia dalle interpretazioni dei metodi tradizionali al Neo-Funzionalismo.

"Tutto cominciò proprio dai sogni, molti anni fa: la mia curiosità, il fascino che provavo per questa branca della scienza. Ho dato sempre molta importanza ai sogni dei miei pazienti e ho trovato molto utile il loro utilizzo nel lavoro terapeutico. Così dopo quasi venti anni di lavoro clinico, il desiderio di riguardare il sogno e il sognare attraversando le tappe più salienti, fino ad arrivare all'utilizzo del sogno nella Psicoterapia Funzionale, mi ha portato a scrivere questo libro"

T. Sorrentino

Buona lettura,
Paola De Vita

INDICE

Introduzione   11
Capitolo 1
Dall'interpretazione classica dei sogni al
Neo-Funzionalismo   14
Freud   14
Jung   15
Jacobi   18
Rispoli   19
Reich   19
La psicoterapia Gestaltica ed Esistenziale   22
La psicoterapia Cognitivo-Comportamentale   22
La psicoanalisi contemporanea   23
Conclusioni   24
Capitolo 2
L'inconscio e il sogno nell'ottica del
Neo-Funzionalismo   25
Il Neo-Funzionalismo   25
L'inconscio su tutti i piani del Sé   27
Il caso di Tina   29
Il sogno secondo il Neo-Funzionalismo   31
Il sogno nell'evoluzione della psicoterapia   33
Alcuni sogni   34
Capitolo 3
I sogni di Dora e la rilettura in chiave
Neo-Funzionale   36
I sogni di Dora   37
L'interpretazione di Freud   38

Rileggiamo i sogni in chiave Neo-Funzionale 39

Capitolo 4
Il sogno traccia delle antiche relazioni, di antiche emozioni e paure 43
Le antiche relazioni 43
Il sogno espressione di emozioni e in particolare di paure 52

Capitolo 5
Il sogno indicatore delle diverse fasi della terapia 55
Le fasi iniziali in generale 60
Le fasi più avanzate 66
Sogni di entrata in terapia 68
Sogni di terapia 68
Fasi di recupero delle capacità 73
Momenti di difficoltà in terapia, vecchie tracce 75
Sogni di fine terapia 76
Sogni di "messa a posto" delle situazioni familiari 81

Capitolo 6
Sogni ed Esperienze di Base.
Il sogno: anticipazione di importanti cambiamenti terapeutici 83
Anticipazione di miglioramenti 83
Sogni tipici comuni 87
Sogni ed Esperienze di Base 89
Conclusioni 96
Bibliografia 99

Introduzione

I sogni da sempre hanno affascinato e incuriosito l' animo umano. In ogni epoca e in ogni cultura ai sogni è attribuito uno specifico significato, un preciso ruolo. Talvolta indicatori di presagi o di catastrofi, ponte tra il mondo reale e quello divino e immaginario resta di fatto che ancora oggi, l'interesse che si attribuisce al sogno è sempre molto forte.

Dalle credenze dei tempi antichi alle più recenti e moderne interpretazioni non c'è dubbio che il sogno è un indicatore importante, di chi siamo e di dove siamo. Un primitivo australiano si spiega il sogno in modo strettamente collegato al suo modo di vivere e alla sua cultura; stesso discorso è ovviamente per un individuo occidentale, anche lui interpreterà il sogno in base alla sua cultura e alla sua storia. In effetti oggi possiamo chiaramente dire che la comprensione del sogno non può essere corretta se non è collocata nella storia di vita della persona in senso stretto, e in senso più ampio al contesto culturale e sociale in cui ci si trova.

Se dunque riconosciamo al sognare questo compito o funzione, possiamo facilmente comprendere quanto può risultare importante utilizzare i sogni nel processo di terapia.

La psicologia del Neo-Funzionalismo ci dà indicazioni molto chiare su cosa sia il sogno e come quest'ultimo si collega al vissuto personale.

Il Neo-Funzionalismo, sorpassata la vecchia dicotomia mente-corpo, ragione–emozioni, propone un Sé che armonizza elementi fisiologici, posturali, cognitivi ed emotivi in un'organizzazione complessa ma allo stesso tempo semplice ed efficace da comprendere. In tale prospettiva, il Sé è rappresentato graficamente su quattro piani: un piano *emotivo*, un piano *posturale-muscolare*, uno *fisiologico* e infine un piano *cognitivo-simbolico*. Ciascun piano del Sé è caratterizzato da sue specifiche Funzioni, e le Funzioni sono quelle capacità che caratterizzano e differenziano i diversi piani. Secondo quest'ottica, il Sé è descritto come un'insieme organizzato di Funzioni che si modulano e si organizzano tra loro in modalità ben specifiche e determinate che possiamo chiamare Esperienze di Base del Sé o Funzionamenti di fondo *(L. Rispoli,1993, Psicologia Funzionale del Sé).*

Questa ripartizione del Sé è utile non solo per una maggiore chiarezza esplicativa ma anche per una visione immediata e diretta di come si presenta la condizione Funzionale di ogni singolo soggetto, con le sue alterazioni evidenziate in modo chiaro. Suddivisa in quattro piani (cognitivo, emotivo, fisiologico e posturale).

Il sognare, per tornare al nostro tema, è una Funzione del piano Cognitivo; ma questo piano del Sé è ovviamente costituito da molte altre Funzioni, quali ad esempio, la razionalità, il linguaggio, le fantasie, i ricordi, la memoria, e altre ancora.

In modo analogo gli altri piani del Sé si caratterizzano e si sviluppano su altre Funzioni.

Un'integrazione sana tra le Funzioni, non solo di uno stesso piano del Sé ma tra le Funzioni di tutti e quattro i piani, permette e favorisce la piena espressione di quei

Funzionamenti di Fondo, che Rispoli definisce – come abbiamo sopra accennato - Esperienze di Base del Sé.

In figura vediamo il Diagramma Funzionale di una paziente: i cerchi più grandi rappresentano Funzioni che hanno più spazio nella sua vita rispetto alle altre; i cerchi più spessi sono indice di Funzioni alterate, irrigidite e chiuse in stereotipie che non si modificano più in relazione alle situazioni circostanti.

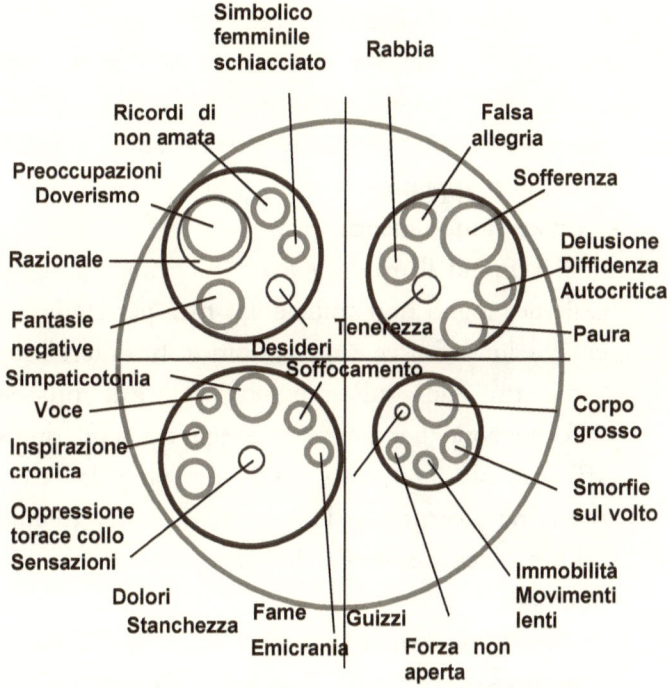

Capitolo 1
Dall'interpretazione classica dei sogni al Neo-Funzionalismo

Freud

Per Freud il sogno è il prodotto dell'attività psichica durante il sonno; più precisamente si tratterebbe di allucinazioni risultanti non da malattie mentali ma da normali fenomeni psichici. In quest'ottica ciò che origina il sogno è il *contenuto latente* ovvero, i desideri, tendenze e pensieri inconsci. L'inconscio esprime essenzialmente desideri, prevalentemente di natura sessuale, che venivano censurati dal "lavoro onirico" con la produzione di un contenuto "manifesto", il quale nascondeva un messaggio sottostante, parallelo, il contenuto appunto "latente", che nel sogno trova una "realizzazione allucinatoria".

Per Freud il *contenuto onirico manifesto* e il significato reale del sogno non coincidono mai, per l'intervento di ciò che lui definisce censura onirica. In sintesi il sogno é "costretto" ad utilizzare una serie di processi di deformazione per permettere agli elementi rimossi di affiorare alla coscienza, eludendo, cioè, la censura. I sogni rappresentano dunque nella teoria freudiana il "ritorno del rimosso" allo stesso modo dei sintomi nevrotici.

Freud, ne l'Interpretazione dei Sogni", parlava di "ipermnesia onirica": il sogno dispone di ricordi inaccessibili allo stato di veglia. Una delle fonti a cui il sogno attinge per la sua attività riproduttiva è la vita infantile.

Nella relativa tecnica terapeutica Freud sollecitava le libere associazioni del paziente, a partire dal sogno, per scoprire il contenuto latente. Una volta emersi i desideri inconsci e i conflitti irrisolti, il paziente può lavorare consciamente alla loro risoluzione.

Jung

In "Ricordi, sogni, riflessioni" (1965) Jung definisce il sogno come un'espressione naturale e necessaria della forza vitale, che si manifesta alla coscienza durante il sonno e talora viene ricordato e raccontato sulla soglia del risveglio. Come un fiore, un uragano o un gesto dell'uomo, scopo fondamentale del sogno è la manifestazione e l'espressione della forza vitale. Esso ci dà immagini di energia, che sintetizzano esperienze passate e presenti, personali e collettive. In accordo con Freud, Jung ritiene il sogno il prodotto più puro della costellazione inconscia, e perciò esso rappresenta la "via regia per accedere all'inconscio". Ma pur ringraziando Freud per aver capito che i sogni non sono quei capricci senza senso che si riteneva che fossero, Jung attribuisce al sogno molteplici funzioni, e non se la sente di condividere l'idea che ogni sogno possa essere interpretato solo ed esclusivamente come "l'appagamento immaginario di un desiderio".

Con Jung il sogno non è più sintomatico ma simbolico; ed è proprio la differente concezione del simbolismo di Jung rispetto a Freud che, più di ogni altro aspetto, permette di comprendere la natura dell'approccio junghiano all'analisi dei sogni. Jung sembra più frequentemente ritrovare nei sogni dei suoi pazienti l'espressione del "non appagamento di un desiderio", e, non poche volte, l'espressione di un timore o di un'ansia. Egli ritiene che, analizzati in profondità, i sogni rivelino attraverso simboli ciò che è ignoto al sognatore.

Il simbolo è la veste più consona per l'espressione di ciò che è oscuro e non necessita pertanto di traduzione.

Il simbolo onirico non può essere concepito come un semplice espediente per veicolare, e nascondere al tempo stesso, l'impulso rimosso; esso costituisce soprattutto la modalità attraverso cui la psiche esprime la propria esigenza di trasformazione.

Benché sia possibile rilevare nei sogni una certa costanza di significati (poiché il simbolo è la manifestazione degli archetipi, cioè delle strutture immanenti, comuni a tutti gli uomini) tuttavia Jung non ritiene corretto attribuire ai simboli un significato fisso e univoco.

Le espressioni simboliche, infatti, mostrano, unitamente ai contenuti raffigurati, un'esigenza rappresentativa di cui è senza dubbio necessario tenere conto.

"Se in un sogno compare l'immagine di un serpente" scrive M. Moreno, psicoanalista junghiano, "e non quella di un fallo, vi è una ragione specifica di questa "scelta". Si può ammettere un collegamento analogico tra fallo e serpente: Jung tuttavia sosteneva che la scelta del serpente corrisponde a un'esigenza rappresentativa, a un'intenzionalità di significato, che il serpente può soddisfare attraverso suoi specifici collegamenti analogici e il fallo no.

Interpretare un sogno per Jung significa decifrare un testo che è stato scritto in una lingua antica e millenaria, entrare dunque in contatto con una dimensione arcaica, prelogica, in altri termini archetipica.

Le immagini oniriche non hanno significato solo in relazione alla vita personale del sognatore, ma rappresentano anche l'espressione di processi transpersonali, archetipici appunto. Motivi personali e motivi archetipici sono per Jung sempre intrecciati nei sogni.

I sogni a carattere prevalentemente archetipico, infatti, sono piuttosto rari e compaiono solamente in particolari circostanze.

Per intendere appieno il significato di un sogno è assolutamente necessario tenere conto della vita del paziente, cioè del contesto in cui avviene il sogno. La collaborazione del sognatore è indispensabile poiché le immagini oniriche hanno molte diverse possibilità di interpretazione e lo stesso simbolo può comparire nei sogni di diverse persone rivestendo funzioni diverse, e ricevendo pertanto un'interpretazione diversa.

L'interpretazione può essere fatta secondo due modalità: oggettiva e soggettiva. Nel primo caso vengono considerati gli elementi del sogno in relazione a "complessi mnestici" relativi a personaggi effettivamente significativi per il sognatore; nel secondo caso le immagini oniriche sono considerate come "riflessi dei fattori psichici interni e della situazione psichica interna del sognatore".

In tal senso i personaggi presenti nel sogno sono rappresentazioni personificate della personalità del sognatore.

Al metodo delle libere associazioni impiegato da Freud, Jung affianca il *metodo dell'amplificazione*, che comporta l'accostamento agli elementi del sogno di altro materiale, attinto dalla mitologia o dalla storia delle religioni o da produzioni culturali a esso affini per mezzo dell'analogia.

Rispetto alla struttura del sogno Jung sostiene che il significato del sogno è riducibile a uno svolgimento drammatico i cui elementi sono:

1) *luogo, tempo, personaggi*; 2) *esposizione del problema*, che rappresenta il contenuto fondamentale, ovvero il motivo sul quale l'inconscio deve pronunciarsi; 3) *peripezia*: il precipitare dell'azione intorno a un punto culminante; 4) *lisi*: la soluzione del sogno recante le indicazioni compensatorie.

Jacobi

Jolande Jacobi, nota allieva di Jung, ha affermato che il significato del sogno è definibile in relazione al tipo di rapporto che si instaura tra coscienza e inconscio: il sogno rappresenta una situazione dell'inconscio che, servendosi di resti diurni, compensa uno specifico atteggiamento della coscienza; esso è una creazione spontanea della psiche (dunque non semplicemente una reazione a una situazione cosciente) avente lo scopo di rappresentare una situazione in conflitto con la situazione cosciente. Il sogno, infine, rappresenta i contenuti dell'inconscio in chiave prospettica. Esso cioè non acquisisce solamente una funzione compensatoria rispetto alla coscienza, ma ne assume la guida correggendone le manchevolezze.

Interessante è osservare che già Jung aveva iniziato a ipotizzare che nel sogno potessero essere intraviste linee di sviluppo della crescita psicologica della persona, funzionamenti non ancora realizzati; che è uno degli aspetti utilizzati dalla psicoterapia Neo-Funzionale: il sogno come anticipazione di cambiamenti che sono già in atto.

Rispoli

Luciano Rispoli, nella sua teorizzazione del funzionamento umano, fa notare che la condizione della persona nello stato di sonno REM è sì di attività, ma con meno Controllo e con meno filtri, in condizioni di maggiore abbandono e in un Contatto molto più stretto con i nuclei profondi del Sé. (Rispoli, 1993). Da svegli prevalgono i filtri del controllo e della razionalità, anche se è inevitabile una certa irruzione di parti della sfera Emotiva o della sfera delle Fantasie più inconsapevoli, ma fondamentalmente il sogno è come un dirsi come stanno realmente le cose, in un Contatto più profondo con se stessi (Rispoli, 2004).

Reich

Wilhelm Reich, noto psicoterapeuta che per primo ipotizzò la necessità di considerare l'unitarietà mente-corpo in psicoterapia, riteneva che il conflitto fosse tra l'individuo e la società, e che dunque il sogno riflettesse in modo universale questo tipo di conflitto.

Riassumendo

Possiamo ora riassumere, in un quadro sinottico molto sintetico, alcune differenze relativamente al modo di leggere e utilizzare i sogni di alcuni autori, nel seguente modo:

Per Freud: repressione della sessualità ⇨ conflitto intrapsichico uguale per tutti = necessità di una interpretazione universale del sogno.

Per Jung: quando il conflitto tocca aspetti profondi del Sé ⇨ inconscio collettivo, interpretazione archetipica del sogno.

Per Reich: repressione della società ⇨ conflitto tra l'individuo e la società.

Per Rispoli: sogno come contatto profondo con il proprio Sé ⇨ repressione delle frustrazioni in senso ampio e globale ⇨ conflitto diverso per ciascun individuo ⇨ inutilità di un'interpretazione universale del sogno.

Per Freud: sogno come appagamento di un desiderio. Veicola l'impulso rimosso. Funzione "compensatoria" rispetto alla coscienza.

Per Jung: sogno come espressione più ampia anche di timori e ansie. Esigenza di rappresentare, oltre che veicolare, il rimosso. I personaggi sono rappresentazioni del sognatore.

Per Jacobi: funzione non solo "compensatoria" ma guida della coscienza correggendone le manchevolezze.

Per Rispoli: funzione non soltanto e limitatamente "compensatoria", e guida non solo sul piano della coscienza: il rimosso è su tutti i piani psico-corporei del

Sé. Tracce visibili su vari altri piani degli elementi rimossi. I personaggi sono anche reali.

Per Jung: manifestazione ed espressione della forza vitale. Immagini di energia, che sintetizzano esperienze passate e presenti, personali e collettive.

Per Rispoli: contatto profondo con se stessi, il proprio passato, il proprio presente, i cambiamenti in atto, il processo di cambiamento e di terapia. Espressione piena dell'intero Sé.

In conclusione l'importanza del sogno è formulata da Freud e approfondita in modo più esteso da Jung, ed è ribadita (oltre che da molti autori nella storia della psicoterapia) anche da Rispoli nella Teoria Funzionale; ma si differenzia tra i suddetti autori per l'interpretazione dei meccanismi che lo sottendono. Si potrebbe però arrivare a sostenere che la Teoria Funzionale sembra poter inglobare al suo interno l'ipotesi junghiana e freudiana (entrambe in certo senso non complete e "unidimensionali"). Leggendo i sogni con il modello Funzionale si può, infatti, riconoscere il funzionamento della persona su molteplici livelli (e non su un solo livello unidimensionale): sia relativamente alla storia passata del soggetto, relativamente ai piani Funzionali del Sé (nei quali sono compresi le emozioni, i desideri, i progetti), sia relativamente ai bisogni e alle necessità "compensatorie" rispetto alle varie Esperienze di Base alterate e carenti, sia relativamente al procedere della terapia e ai cambiamenti che stanno accadendo o stanno per accadere.

La psicoterapia Gestaltica ed Esistenziale

Prende in considerazione solo il contenuto manifesto del sogno in corrispondenza con l'esperienza di vita della persona. Si incentra sul "qui ed ora" della narrazione del sogno che rifletterebbero le modalità di relazione ed il modo di essere del paziente.

Nella terapia si può arrivare a chiedere al paziente di ri-esperire gli affetti e le emozioni presenti nei sogni.

Differentemente dal Neo-Funzionalismo, in generale si presta attenzione quasi esclusivamente al qui ed ora e non a tutta la storia del paziente; ovvero non c'è una prospettiva temporale completa che va dal passato al futuro, compresa la correlazione stretta con il progredire della terapia.

La psicoterapia Cognitivo-Comportamentale

Questo modello pone l'attenzione sui processi di elaborazione delle informazioni sottostanti all'atto del sognare.

Il lavoro terapeutico ha l'obiettivo di arrivare a modificare il contenuto del sogno per favorire il cambiamento comportamentale e la scomparsa dei sintomi. E questo può essere legato anche a dei compiti da svolgere a casa.

Diversamente il Neo-Funzionalismo va a indagare soprattutto i Funzionamenti sottostanti sia ai sintomi che ai comportamenti; le "correzioni" cognitive vengono sempre integrate con modificazioni di tutto l'apparato del Sé.

La psicoanalisi contemporanea

Oggi ritiene che il "processo primario", di cui il sogno secondo Freud era la tipica espressione, deve rimanere tale accanto al pensiero secondario, logico, perché è importante per un ottimale equilibrio psicologico.

Le immagini di un sogno non devono essere tradotte ma devono essere comprese nel loro contenuto metaforico e tematico; il contenuto del sogno, inoltre, non deve necessariamente avere un riferimento diretto col transfert a meno che non sia esplicito.

I sogni sono utilizzati come chiarimenti che si aggiungono alle modalità relazionali osservate e possono essere usati dal terapeuta per favorirne l'acquisizione di consapevolezza da parte del sognatore.

Da una parte rimane la differenziazione tra i due pensieri primario e secondario mentre la chiave di lettura del Neo-Funzionalismo è l'unitarietà dell'individuo e l'integrazione del Sé sin dall'origine. Dall'altra la terapia Neo-Funzionale non ha come obiettivo solo l'acquisizione di consapevolezza.

I processi mentali del sogno sono considerati contigui a quelli dello stato di veglia. La narrazione del sogno rivela gli stessi schemi di relazione oggettuale e interpersonale della narrazione degli eventi degli stati di veglia.

Conclusioni

Escluso il modello psicoanalitico, tutti gli approcci fanno oggi finalmente riferimento al contenuto manifesto del sogno. Tutti i modelli concordano che nella terapia il sogno possa svolgere una funzione integrativa, vale a dire un ulteriore aiuto al processo terapeutico.

La psicoterapia psicodinamica contemporanea mette in evidenza le connessioni tra sogno e relazioni oggettuali e interpersonali. Le loro tecniche sono utili per svelare gli schemi relazionali abituali del sognatore.

L'approccio fenomenologico si incentra sul qui ed ora della narrazione del sogno; le tecniche utilizzate sono utili per determinare il significato e la rilevanza del sogno per il sognatore stesso.

Nel Neo-Funzionalismo, come vedremo meglio nei successivi capitoli, il lavoro sul sogno non riguarda solo il piano cognitivo simbolico, non si riferisce solo alla vita attuale del paziente, non si riferisce solo a schemi e comportamenti ma riguarda sia la storia completa del paziente, sia l'evoluzione del processo terapeutico e soprattutto il cambiamento reale di tutti i piani del Sé.

Capitolo 2.
L'inconscio e il sogno nell'ottica del Neo-Funzionalismo

Il Neo-Funzionalismo

Il Funzionalismo Moderno nasce con gli studi, le ricerche e le teorizzazioni di Luciano Rispoli nella Scuola di Napoli e nella Scuola Europea di Psicoterapia Funzionale negli anni '80.

L'approccio Funzionale ha permesso di avanzare un'ipotesi sul significato dei sogni legata all'organizzazione del Sé e ai suoi vari livelli.

L'Organismo, il Sé, secondo il Funzionalismo Moderno, è costituito da Sistemi Integrati: Sistema Nervoso Centrale, sistema Neurovegetativo e psicofisiologico, Sistema sensoriale, posturale e motorio, Sistema neuroendocrino immunitario, Sistema Emotivo, e Sistema immaginativo Cognitivo Simbolico. Tutti questi sistemi sono profondamente integrati se permangono in uno stato di salute, benessere, di Funzionamenti pieni e sani. Il Sé è un'organizzazione di Funzioni, tutte ugualmente importanti, tutte circolarmente allo stesso livello.

Non basta sapere che tutti questi sistemi sono integrati, ma è importante analizzare in che modo lo sono, cosa succede su tutti livelli del Sé quando si interviene su uno di essi.

Per il Funzionalismo esiste un Organismo che si altera nei suoi Funzionamenti di fondo neuronali, neurovegetativi, neuroendocrini, emotivi, immaginativi, cognitivi, simbolici, sensoriali, motori, posturali. I

Funzionamenti di fondo sono un qualcosa che è alla base, qualcosa che produce pensieri, emozioni, gesti, atteggiamenti, parole, comportamenti, sogni. In età evolutiva prendono il nome di Esperienze di Base.

Le Esperienze di Base sono esperienze concrete di vita, di relazione che rendono possibile il concretizzarsi dei Bisogni e rendono possibile le Direzioni di Sviluppo del Sé.

Se le EBS non sono aiutate ad essere attraversate pienamente e positivamente, possono alterarsi, non essere pienamente funzionanti e aperte. Un'Esperienza di Base può alterarsi diventando non disponibile per la persona, può essere inquinata da modalità che non sono caratteristiche di quella EBS.

Il Sé (la globalità della persona) è visto come *organizzazione di tutte le Funzioni* dell'organismo, su tutti i suoi piani; come *l'insieme organico e organizzato di processi* che caratterizzano la persona: non è una struttura e non è neanche solo un insieme di rappresentazioni. Non c'è più da ricercare un *compromesso* (tra parte adulta e parte bambina, tra Io e Super-io, tra strutture primarie e secondarie), perché non si prendono in considerazione le strutture o le parti, ma le Funzioni. Non ci sono mente e corpo, non ci sono parti, ma *Funzioni psicocoporee*: le varie emozioni e sentimenti; i movimenti, le posture e le espressioni del viso; gli apparati fisiologici interni (sensazioni, sistema neurovegetativo, sistema neuroendocrino, respirazione, sistema del tono muscolare); l'immaginazione, il simbolico, i ricordi, i valori attribuiti al mondo, la razionalità. Niente è solo mentale o solo corporeo, perché tutte queste Funzioni sono *integrate* tra di loro (Rispoli, 1993).

L'inconscio su tutti i piani del Sé

Se per Freud la dinamica intrapsichica è uguale per tutti (la repressione della sessualità diventa un conflitto intrinseco all'essere umano), allora si comprende il suo tentativo di fare un'interpretazione dei sogni uguale per tutti. Discorso analogo vale anche per Jung, quando parla dell'inconscio collettivo (gli archetipi emergono quando il conflitto va a toccare gli aspetti più profondi del Sé).

La teoria Funzionale non concorda con il concetto d'inconscio così come è inteso da Freud; infatti, pur condividendone la nozione di rimozione intende quest'ultima come un meccanismo che attraversa dinamicamente tutti i piani psico-corporei.

L'inconscio per il modello Funzionale è nel "corpo", dove per "corpo" (in senso allargato) s'intende l'insieme di tutti i meccanismi d'organizzazione (o disorganizzazione) di tutti i vari piani del Sé; ed è in questo insieme che si possono rilevare le tracce di un "rimosso" che non riguarda soltanto la coscienza ma tutti i livelli dell'intero organismo.

Il corpo come uno "scrigno" conserva tutti i *movimenti* della persona, dove per movimenti si intende ogni esperienza di vita che la persona attraversa da quando viene al mondo fino alla morte. Il corpo registra queste esperienze, e non è solo una registrazione motoria ma una registrazione più ampia che ingloba tutti gli aspetti del Sé. L'individuo nella sua interezza psico-corporea mantiene tracce di ogni vissuto: queste tracce sono osservabili su tutti i piani del Sé, (piano cognitivo, emotivo, fisiologico e posturale). Ogni vissuto lascia una traccia e queste tracce sono più profonde e determinanti tanto più per quelle esperienze e quei vissuti negativi che si sono ripetuti con maggiore frequenza e con continuità, e che hanno finito per alterare la dinamica fisiologica dell'alternarsi delle due polarità tra cui variano tutte le Funzioni psico-corporee.

Ad esempio, un respiro che per continue situazioni di allarme finisce per restare cronicamente in un torace espanso e incapace di farlo ridiscendere nella pancia una volta passato l'allarme; oppure un sistema neurovegetativo cronicamente in simpaticotonia con una attivazione continua come se ci fossero sempre stressor nella vita della persona senza poter passare completamente al sistema vagotonico della calma; o ancora (su un altro piano del Sé), pensieri e fantasie di paura cronica come se ci fossero sempre pericoli incombenti senza poter andare alla polarità opposta della tranquillità.

Secondo questa prospettiva il bambino ostacolato nei bisogni primari, avverte un senso di frustrazione con tutto il suo corpo e con tutto se stesso. Il bambino rimuove le emozioni troppo forti per paura di distruggere la relazione con l'altro, perché tale situazione può nuocergli notevolmente in termini di tranquillità e adattamento alle circostanze. Questo meccanismo, che scatta a difesa - si potrebbe dire - della sopravvivenza dell'equilibrio dell'individuo, funziona censurando le emozioni che sono avvertite come minaccianti o intrusive; ma raggiunto l'obiettivo, compromette comunque, in misura più o meno grave, il funzionamento del piano dei ricordi ma anche di altri piani del Sé.

Vediamone un esempio concreto con il caso di Tina.

Il caso di Tina

Tina è una giovane donna di 27 anni, iscritta alla facoltà di ingegneria. Dopo due anni di soddisfacenti risultati e un'attiva vita sociale, comincia a soffrire di forti attacchi di panico che piano piano finiscono per paralizzare tutta la sua vita. Tina è una donna sportiva, carina, ma quello che si nota immediatamente è l'atteggiamento curvo e chiuso delle spalle e della schiena; il collo si protende leggermente in avanti e le gambe sembrano piegarsi sotto il peso della parte superiore del corpo.

Figlia di uno chef di bordo e di una commerciante, Tina ha un fratello e una sorella più grandi di lei. Il fratello, molto difficile, ha creato da sempre problemi in famiglia, la sorella molto aperta e estroversa, solare, è sentita da Tina molto diversa da lei, anche se tra le due esiste un discreto rapporto. Riportando quello che di lei dice la famiglia, Tina si descrive come la figlia silenziosa, tranquilla, quella che non ha mai creato problemi sin da piccolissima. Dormiva e mangiava senza problemi, a scuola non aveva difficoltà anche se ricorda che ai tempi del liceo cominciò a soffrire di coliti e problemi di stomaco. Nel raccontarsi, Tina descrive una madre molto accondiscendente soprattutto nei riguardi del fratello, non dura, una che si preoccupa ma che non è veramente forte.

Tina ha una rabbia trattenuta nei confronti della madre, ma non si è mai sentita veramente capita da nessuno e non ha mai avuto una condivisione aperta con gli altri della famiglia, anche se è molto stimata per la sua autonomia e il suo senso di responsabilità. Purtroppo, però, è soprattutto con il padre, con il quale lei ha avuto un rapporto migliore quando era più piccola, che il rapporto negli ultimi anni si sta sgretolando perché lei, che era la figlia autonoma e capace, non riesce più a fare nulla! Ed è appunto questa precoce responsabilità, questa autonomia forzata non commisurata alla sua età, che Tina ha avuto da sempre per "aiutare" la famiglia, che ora la sta schiacciando.

La sua storia è leggibile in tutti i piani psico-corporei del Sé. Vediamola.

Piano Cognitivo-simbolico Immagine negativa di sé perché non è più capace di fare nulla, non è possibile per lei accettare l'idea della fragilità, del poter farsi guidare e aiutare. Affidarsi a qualcuno è un'esperienza mai fatta e inaccettabile che la getta nella più totale disperazione.

Piano Emotivo Le emozioni preponderanti e più importanti al momento sono: la tristezza di non essere mai stata capita; il fastidio e la paura di essere di peso (che non le hanno mai fatto sentire di potersi aprire e condividere);insieme al fatto che ora non ha più quell'autonomia e responsabilità per le quali unicamente era vista e apprezzata; anche l'angoscia e la rabbia.

<u>Piano posturale</u> Il peso di un'autonomia precoce, lo sforzo che questa ha comportato, ha finito per piegare e accartocciare il corpo nella posizione curva e chiusa di chi ha un fardello sulla schiena.

<u>Piano fisiologico</u> Il colon irritabile, i problemi gastrici, la tachicardia, la stanchezza cronica, il sonno alterato e difficile, le vertigini e la cefalea sono le tracce del grande vissuto di sforzo che Tina ha dovuto fare.

Il sogno secondo il Neo-Funzionalismo

Se l'inconscio è visto in questa nuova prospettiva (come l'insieme di elementi che non arrivano direttamente alla coscienza ma che al contempo sono collegati al funzionamento della persona nella sua interezza), allora il sogno è collegato ai funzionamenti e disfunzionamenti reali della persona (non solamente quelli cognitivi). In tal senso, quindi, non può essere che un dialogo della persona con se stessa. Nei sogni viene rappresentata la condizione profonda della persona con riferimenti molto evidenti alla sua vita reale.

I sogni indicano il funzionamento più vero, più simile e più vicino all'organizzazione del Sé, sia in quel momento della vita del paziente, sia in relazione al suo passato, sia in collegamento con i cambiamenti in atto.

Il sogno è, quindi, anche una possibilità di ulteriore verifica dei cambiamenti realizzati, una conferma dell'efficacia del lavoro terapeutico. In questo caso i sogni possono essere visti come premonitori del futuro: perché a livello più profondo già la persona conosce le condizioni in cui si trova, le cose che sono cambiate, le decisioni prese, lo stato di salute o di malattia. *"Quello che può sembrare futuro è in realtà già in atto, e tutti noi possiamo essere in grado di percepirlo se recuperiamo un contatto profondo con noi stessi"* (Rispoli, 1993).

I sogni sono importanti per i pazienti perché costituiscono un sistema di verifica dei propri cambiamenti, suggestivo e convincente; i sogni sono, infatti, il prodotto del paziente stesso (in un dialogo intimo con sé), e non quello che il terapeuta afferma e che il paziente potrebbe ritenere solo qualcosa detto per incoraggiarlo e tranquillizzarlo.

Per il terapeuta il sogno è importante, invece, perché costituisce un ulteriore livello diagnostico sulle condizioni del paziente, una foto del paziente nel tempo del racconto del sogno.

Tutto ciò rende meno importante la ricerca di significati universali del contenuto manifesto, come negli autori dell'inizio secolo. Si può dire che, in un certo senso, l'interpretazione dei sogni funziona come il transfert in psicoterapia Funzionale (un transfert *allargato* a tutti i piani del Sé), permettendo una rivisitazione *ampliata* del vissuto relazionale ed emotivo del paziente, mettendolo in contatto con i *movimenti* complessivi del suo Sé.

I sogni, allora, correttamente interpretati, rivelano la storia del paziente e possono fornire al terapeuta la spiegazione del perché esattamente in quel paziente si sono alterati proprio quei Funzionamenti e quei piani del Sé.

Nel lavoro terapeutico la lettura dei Sogni è un ulteriore approfondimento, a volte una verifica, del piano Cognitivo-Simbolico considerato sempre in relazione con gli altri piani del Sé, all'interno del Funzionamento complessivo della persona. Per Simbolico il Neo-Funzionalismo intende l'insieme di valori profondi e di attributi che ciascuno assegna agli eventi umani e sociali più significativi, quali il maschile, il femminile, l'infanzia, la dolcezza, la forza, il lavoro, il gioco, la sessualità.

La lettura dei sogni, esprimendosi come Sé Ausiliario (le Funzioni del terapeuta che intervengono laddove le Funzioni del paziente non sono ancora in grado di esprimersi), insieme alle altre tecniche utilizzate in Psicoterapia Funzionale, contribuisce a condurre il paziente proprio dove il progetto terapeutico prevede.

Il sogno nell'evoluzione della psicoterapia

Ma non basta: in terapia il sogno rivela a paziente e terapeuta il punto esatto in cui ci si trova all'interno di quella determinata fase del lavoro terapeutico; e permette di intravedere i cambiamenti che si stanno preparando nella vita della persona. Nel sogno si possono notare nuove direzioni che si aprono per il paziente, con una certa anticipazione rispetto alla consapevolezza che il paziente stesso ha dei suoi prossimi movimenti e dei suoi prossimi progetti. E questo non è legato a una capacità "divinatoria" bensì sempre al fatto che il sogno è l'espressione dell'intero Sé, e quindi anche dei suoi Funzionamenti più profondi che vanno riaprendosi anche prima che siano del tutto compresi o concretamente messi in atto nella vita della persona.

In generale è possibile dire che quanto meno é compromessa l'Esperienza di Base del Sé (EBS) "Sensazioni" (che comprende la sfumatura del Percepire se stessi) tanto più il paziente può collegare suoi stati d'animo e emozioni al contenuto del sogno; al contrario, questa difficoltà a *sentirsi* si esprime nel sogno con una partecipazione indiretta, più marginale, del sognatore alla situazione.

Se prendiamo, ad esempio, alcuni sogni di pazienti che accusano Attacchi di Panico, possiamo comprendere concretamente quanto andiamo affermando.

Alcuni sogni

Maddalena soffre di Attacchi di Panico intensi e limitanti, e presenta una capacità di sentirsi molto compromessa.

Sogno di Maddalena: "Sono circondata da figure enormi come i giganti delle favole; provo un senso di irrealtà e confusione".

Girolamo invece è abbastanza consapevole delle sue emozioni, più in contatto con il senso di pericolo che si agita dentro di lui e che emerge in modo più diretto anche nel sogno.

Sogno di Girolamo alla 2a seduta: "Vado in ospedale a trovare un amico ma mi accorgo che i medici non parlano del mio amico ma di me, e capisco che ho una malattia mortale".

La terapia favorisce una nuova conoscenza di sé, un nuovo aprirsi delle sensazioni, un nuovo contatto della persona con se stessa; e dunque fa sì che i sogni diventino man mano sempre meno confusi e criptici. Con il procedere della terapia si può notare, infatti, come i sogni siano sempre più indicativi rispetto al futuro, al presente e al passato della persona. Quando il paziente impara a riconoscere le proprie emozioni, i sogni diventano sempre meno "teatrali" e dunque più semplici per il sognatore stesso.

Nel modello Funzionale il sogno è interpretato attraverso il significato che dalla cultura e dalla storia del paziente può essere dato al contenuto manifesto. (che - ricordiamo – è sempre collegato all'intero Sé). Pur tuttavia, non si esclude una certa simbologia legata alla cultura di provenienza dell'individuo.

Nel sogno c'è dunque un aspetto profondo (in senso archeologico) che fa emergere la situazione dei Piani Funzionali come si sono configurati attraverso il vissuto delle Esperienze di Base: sono presenti anche ricordi, emozioni, fantasie, progetti e desideri, oltre che sensazioni fisiche, funzionamenti fisiologici, movimenti del corpo,: e quindi piani che riguardano tutta l'organizzazione del Sé, antica e attuale.

I sogni pongono il paziente di fronte al fatto che alcuni movimenti sono già avvenuti nel Sé prima ancora che questi siano evidenti alla persona. Il terapeuta va allora a verificare se i cambiamenti comunicati dal sogno sono realmente avvenuti su tutti i piani del Sé. In questo modo il sogno diventa anche una direzione di lavoro, un progetto ulteriore per la terapia.

Capitolo 3
I sogni di Dora e la rilettura in chiave Neo-Funzionale

Dora

In questo capitolo proviamo a riguardare in chiave Neo-Funzionale i famosi sogni di Dora.

Ida Bauer nota con lo pseudonimo di Dora aveva diciotto anni quando comincia la terapia con Freud; la terapia durò solo undici settimane, perché la paziente insoddisfatta dei risultati interruppe il trattamento. Dora fu vista da Freud come una paziente affetta da Isteria, ed è in base a questa diagnosi, e in relazione alla definizione dell'inconscio che andava via via elaborando in quegli anni (1895-1901), che ci spiega il sogno di Dora. Prima di presentare il sogno di Dora riportiamo l'analisi familiare che Freud ci riporta più che come un medico come un narratore (cosa che gli comportò molte critiche dal mondo medico).

La famiglia Bauer era una agiata famiglia borghese, il padre settantenne facoltoso imprenditore non viveva un felice rapporto coniugale e l'atmosfera familiare era appesantita dai numerosi litigi. La moglie è descritta da Freud come una donna poco intelligente, fredda nell'espressione dei sentimenti e di poco contatto anche nei confronti dei figli.

Il padre aveva 70 anni quando la figlia intraprende il trattamento psicoanalitico con Freud.

A otto anni Dora aveva cominciato a soffrire di dispnea cronica, e a dodici anni erano apparsi attacchi di tosse nervosa ed emicranie. A partire dai sedici anni l'emicrania era scomparsa, ma i disturbi respiratori si erano aggravati e si manifestavano in attacchi della durata di settimane o mesi, durante i quali Dora era anche colpita da una completa afonia. Al momento d'iniziare l'analisi, il quadro clinico generale era caratterizzato da depressione, irritabilità e idee di suicidio.

I sogni di Dora

Un primo e notissimo sogno è quello che Dora porta al suo terapeuta, e fu fatto per tre giorni consecutivi come riportano le fonti:

"La casa era in fiamme; mio padre, in piedi accanto al mio letto, mi diceva di alzarmi; mi vestii in fretta. Mia madre voleva fermarsi per mettere in salvo il cofanetto dei gioielli, ma mio padre disse: "Mi rifiuto di lasciarmi bruciare, io e i miei due figli, per la salvezza del tuo cofanetto di gioielli". Corremmo giù, e quando eravamo appena giunti fuori, mi sono svegliata".

Il secondo sogno era più lungo:

"Camminavo per una città che non conoscevo, vedevo strade e piazze che mi erano estranee. Entrai nella casa in cui vivevo, andai nella mia camera e vi trovai una lettera di mia madre; mi diceva che siccome avevo lasciato casa senza che i miei genitori lo sapessero, non mi aveva voluto scrivere per dirmi che papà stava male. <<Ora è morto, e se vuoi puoi tornare>>. Allora mi diressi verso la stazione e chiesi per un centinaio di volte: <<Dov'è la stazione?>>, e ogni volta mi veniva risposto: <<A cinque minuti>>. Poi vidi un bosco fitto davanti a me e qui lo chiesi ad un uomo che incontrai: <<più di due ore e mezzo>> mi rispose, e si offerse di accompagnarmi; io però rifiutai e proseguii da sola. Vidi la stazione davanti a me, ma non potevo raggiungerla - e contemporaneamente mi prese quell'angoscia che si sente nei sogni quando sembra di non potersi più muovere. Poi mi ritrovai a casa: dovevo avere viaggiato nel frattempo, ma non me ne ricordavo. Entrai nella guardiola della portiera, e domandai dove fosse il nostro appartamento; ma lei mi aprì la porta e replicò che mamma e gli altri erano già al cimitero".

L'interpretazione di Freud

Tra il 1895 il 1901 Freud scrive 'L'interpretazione dei sogni', elaborando il concetto di inconscio. Secondo la sua teoria vi sono due modi per studiare l'inconscio: l'interpretazione dei sogni e l'associazione libera.

Nell'interpretazione di Freud, entrambi i sogni si riferivano alla vita sessuale di Dora, che si rivelò sempre più complicata man mano che l'analisi progrediva. Dora aveva lavorato come babysitter presso una coppia di coniugi, che Freud indica con i nomignoli di signor K. e signora K.

Dora sostiene che il signor K. le abbia fatto delle avances durante una visita al lago, e lo riferisce a suo padre, che tuttavia non le crede, anche in relazione al legame tra lui e la moglie del signor K.

Dora nutre una forte ammirazione per la signora K., forse anche eccessiva. Non le si relaziona da donna gelosa, come concorrente, ma come ammiratrice.

Dora intuisce della relazione esistente tra suo padre e la signora K., e cerca spesso di trovare il modo per dividerli.

Secondo Freud, nell'inconscio di Dora coesistevano desideri sessuali rimossi che avevano per oggetto sia il padre di lei, sia il signor K., sia anche la signora K. Nella sua analisi, Freud interpretò l'isteria di Dora come una manifestazione della gelosia in lei suscitata dal legame tra la signora K. e suo padre, e nello stesso tempo come una reazione ai sentimenti ambivalenti prodotti in Dora dagli approcci sessuali del signor K. nei suoi confronti.

Qui Freud è preparato a trattare la tematica della relazione edipica, incestuosa, ma non ad affrontare il tema dell'omosessualità: lui stesso non si è ancora accorto della presunta sua omosessualità. Fino a questo momento per Freud gli isterici sono veramente persone che in qualche modo sono state 'abusate' da un adulto, che ha agito un'azione seduttiva nei loro confronti. In seguito dirà che ciò in realtà non è sempre vero, contraddicendo quanto detto precedentemente.

Rileggiamo i sogni in chiave Neo-Funzionale
Primo sogno.

Dalle notizie a noi giunte, sappiamo che i genitori di Dora avevano più volte litigato perché la madre di Dora soleva chiudere a chiave, tutte le sere, la camera da pranzo, unico accesso alla camera del fratello. Il padre, arrabbiandosi con la moglie, sottolineava la gravità di questo gesto nel caso fosse scoppiato un incendio.

A ciò aggiungiamo il clima familiare non sereno. Sappiamo infatti che il padre, facoltoso industriale con la passione per le donne, era in continuo contrasto con la moglie. Una moglie che Freud descrive poco colta e poco intelligente.

Possiamo allora ben immaginare la paura reale della piccola Dora quando il padre litigava con la moglie e, soprattutto quando prospettava una possibile tale sciagura, l'incendio della casa. Nel Neo-Funzionalismo i sogni sono visti in relazione ad elementi di vita reali della persona.

Come può una ragazzina non rimanere spaventata dalla prospettiva di trovarsi nella casa in fiamme? Perciò Dora, segnata da questa paura, fa questo sogno tipicamente di allarme. Per il Neo-Funzionalismo la causa è da ascrivere in una forte carenza dell'Esperienza di Base della Protezione. E in particolare dal sogno si evince che questa scarsa protezione deriva soprattutto dall'indifferenza affettiva e dal poco contatto della madre verso i propri figli (dal momento che nel sogno lei si preoccupa di salvare i gioielli piuttosto che i figli!).

Come abbiamo accennato si tratta di un sogno di allarme nei quali si ritrovano sempre le Esperienze di Base della Protezione e anche del Contatto.

Sogni come questo (insieme alla storia della persona) ci danno un riferimento chiaro e preciso sullo stato di questi Funzionamenti di Fondo, un riferimento che in tal modo è veramente chiaro e semplice da osservare.

In effetti la prospettiva del Neo-Funzionalismo consente di liberare il sogno da una visione simbolica dei modelli psicoanalitici per ricondurlo ad un più concreto piano della realtà e alla storia della persona. I sogni diventano subito materiale "operativo" per il terapeuta che può utilizzarli in fasi diverse del lavoro. Infatti, come vedremo più avanti, in fase diagnostica sogni antichi e ricorrenti possono confermare la diagnosi, mentre in corso di terapia possono indicare lo stato di recupero delle Esperienze di Base su cui si sta lavorando; e possono infine indicare il volgersi alla fine della terapia stessa.

Secondo sogno.
Il secondo sogno di Dora ci permette di leggere "lo stato" di altre Esperienze di Base. Nella prima parte del sogno, la sognatrice vaga in una città a lei sconosciuta, non sa dove la conducono le strade che percorre né le piazze che attraversa. E' facile in questa parte del sogno notare la mancanza di una guida, di una persona che sapesse vederla e consigliarla sulle cose da fare. L'Esperienza di Base dell'Essere Guidata, ovvero quell'essere portati per mano, consigliati, aiutati che è necessaria perché un figlio cresca sicuro e autonomo, certamente per Dora e suo fratello non era stata vissuta nel modo più pieno e soddisfacente. Abbiamo infatti visto che il padre era molto distratto dalle donne e la madre non pare molto attenta ai bisogni dei figli.

Successivamente nel sogno si ritrova a casa sua e lì trova una lettera della madre che le comunica la morte del padre e le dice che se vuole ora può tornare. Sicuramente in queste scene del sogno Dora esprime bisogno di una calma che non ha mai potuto vivere con la presenza di tutti e due i suoi genitori insieme (litigi, ecc.); quindi, secondo il Neo-Funzionalismo, è implicata l'Esperienza di Base della Calma, della serenità.

Continuando a scorrere il sogno, possiamo vedere la difficoltà di un'autonomia che non è piena, che fa sentire Dora stanca e dubbiosa sulle sue possibilità di raggiungere mete e obiettivi importanti per la sua vita. Guardando infatti sempre nell'ottica del Neo-Funzionalismo sappiamo che le Esperienze di base sono funzionamenti di fondo intrinsecamente legati gli uni agli altri, e sappiamo che senza una necessaria Calma, un buon Essere Guidati e portati non si può raggiungere una piena e sana Autonomia.

Capitolo 4
Il sogno traccia delle antiche relazioni, di antiche emozioni e paure

Le antiche relazioni

In molti casi, si è notato che all'inizio della terapia i personaggi dei sogni sono quelli con cui il paziente da piccolo nella sua vita ha avuto (e a volte ha ancora) maggiori difficoltà di relazione, vissuti frustranti, vissuti di ingiustizia, o vere e proprie paure. Vediamo alcuni casi di sogni di questo tipo.

Il caso di Gabriella 41 anni

Gabriella ha da poco cominciato la terapia; è una donna che lavora, sposata e madre di due figlie. Vive un momento difficile perché deve decidere come affrontare la malattia della madre affetta dal morbo di Alzheimer. Gabriella non accetta il consiglio del neurologo di ricoverare la madre in una clinica specializzata, anche se accudire questa donna con le sue amnesie e difficoltà la sta distruggendo. Fino a questo momento ce l'ha fatta da sola, e proprio non può accettare di potersi appoggiare a qualcuno. Gabriella è una donna molto forte, anche nel fisico ipersviluppato dal nuoto che ha sempre praticato con passione. Ora non capisce perché non riesce a provare più sensazioni piacevoli ma si sente affaticata e con una strana sensazione di peso.

Gabriella, nonostante le apparenze, è una donna che ha avuto poche occasioni di parlare di sé sia in famiglia che fuori; ironia e satira sono le strategie che ha sviluppato per tenersi lontano da tutti, per non mostrare la sua fragilità e i suoi bisogni più profondi. Per tale motivo il suo tormento è accorgersi, da una parte di aver bisogno di sentire la voce della sua terapeuta, e dall'altra di avere ancora difficoltà a credere che qualcuno possa interessarsi a lei, prendersene cura veramente. Si sente ridicola, confusa e arrabbiata.

Nei primi dieci incontri fa di tutto per ridicolizzare, minimizzare ogni parola o gesto della sua terapeuta: si agita, cammina per la stanza, non vuole sedersi, tanto meno sdraiarsi sul lettino. Con la sua accesa ironia dice: *"sto più comoda in piedi, è meglio che non mi avvicino, tu sei pericolosa, le tue mani sono armi, non capisco perché sono venuta".*

Non sopporta di non poter più nuotare e, nonostante le spiegazioni e la rassicurazione che potrà riprendere il nuoto tra qualche tempo, si arrabbia, come se ci si divertisse nel privarla dell'unica cosa che le piace e alla quale ha iniziato le sue figlie.

Gabriella in questo momento ha bisogno di molta dolcezza e un'infinita pazienza; per questo le viene spiegato cosa può succederle se persiste a nuotare, le si fa notare in quale situazione si trova tutto il suo corpo: basta sfiorarla per provocarle dolori acuti, il torace è bloccato in una cronica inspirazione, ha difficoltà ad addormentarsi (e quando riesce ad addormentarsi è svegliata da incubi). Distesa, comincia a sudare abbondantemente, la testa si alza di continuo, non può parlare con la testa appoggiata sul lettino e ne è consapevole.

Nonostante sia una persona intelligente, resta scettica e ironica quando le viene spiegato il collegamento tra tutte queste sue difficoltà e i due "strani malori" che ha avuto; sembra molto difficile per lei affidarsi alla spiegazione della terapeuta.

Quanto detto finora ci fa capire come sia stato difficile per lei stabilire un rapporto d'aiuto.

Dopo aver visto a grandi linee la storia di Gabriella possiamo rivedere il tutto nella sequenza dei sogni e degli incubi che si intensificano dopo la nona seduta. Gabriella non ha mai sognato molto e gli incubi sono rari. Tuttavia ricorda un suo vecchio sogno ricorrente:

"Ero su una barchetta che lentamente entra in un banco di nebbia fitta, non vedevo niente, ma poi ecco la prua di una nave che mi minacciava come un enorme mostro. Ero come sdoppiata e vedo l'altra me stessa che piange disperatamente".

Quello che segue invece è un sogno più recente:

"Ero tutta imprigionata in reti e lacci che mi paralizzavano il corpo, non potevo assolutamente muovermi".

E' sorprendente notare come in questi sogni (specie quello più recente) siano contenute in maniera evidente le difficoltà e i sintomi di cui Gabriella sta soffrendo oggi. E questo è un tema che vedremo in modo più specifico nei prossimi capitoli.

Il sogno che segue, invece, riguarda ciò di cui ci stiamo occupando in questo capitolo, e rappresenta l'antica traccia del suo vissuto con la madre:

"Non trovavo la macchina, non ricordavo dove l'avevo parcheggiata. Poi è venuta una bambina che mi ha indicato dove era l'auto. La raggiungo e vedo che la macchina ostruiva un passaggio e delle persone mi gridavano contro per darmi la responsabilità della situazione ma io non l'accettavo, non volevo questa responsabilità".

Gabriella ha raccontato che sua madre era delusa da lei perché non era responsabile e capace come lei avrebbe voluto. Di fatto Gabriella, a differenza di suo fratello, si è fatta carico di molte cose e non per ultimo della madre malata. Spesso, ricorda Gabriella, sua madre diceva: "di lei mi occupo io" volendo intendere che Gabriella non poteva riuscire da sola.

Il caso di Luca

Luca fa questo incubo alla 21a seduta:"C'era come una grande lite tra tutti quanti noi della famiglia; io mi sentivo enormemente inquieto come se dovessi scaricare una tensione. Poi mi trovavo tra una folla di persone nuove e mi sentivo estraniato da tutti".

Luca è segnato nel profondo dell'animo dall'atmosfera di continua violenza che si perpetuava nella sua famiglia fin da quand'era piccolo, specie da parte del fratello rispetto al quale viveva addirittura una costante paura per la propria vita.

Altro incubo di Luca alla 24a seduta:"Dovevo fare un esame ma sapevo che avevano già deciso che dovevo fallire e mi torturavano con domande critiche".

Luca ha sempre avuto problemi profondi di gelosia nei confronti del fratello che a lui sembrava valutato dalla madre in maniera sempre molto più positiva rispetto a se stesso. La madre, anche se sembrava volerlo aiutare e assecondare sulle sue richieste, in realtà gli rimandava costantemente la sensazione di non essere dalla sua parte. Luca si sentiva dunque fortemente criticato ma in modo non chiaro, subdolo, e quindi ancora più difficile da poter affrontare apertamente. La conseguenza era perciò una sensazione angosciante di non essere mai veramente all'altezza delle situazioni da affrontare: in definitiva un profondo senso di fallimento.

E tutto questo appare chiaramente nei suoi sogni: anch'essi, come gli altri che abbiamo visto in questo capitolo, rispecchiamento molto chiaro delle difficili e dolorose relazioni familiari antiche.

Il caso di Adriana

Questo sogno è raccontato nell'ambito di un primo colloquio e la donna che racconta lo descrive come un sogno che ha fatto più volte fino all'età di circa 4 anni e mezzo. Non ha mai saputo comprenderlo né da sola né con l'aiuto di una precedente terapia.

"Lei era piccola, era in mezzo a molte persone che avevano occhi anche sulla schiena ma non erano mostri"

La lettura di questo sogno con la psicologia Funzionale appare subito chiarissima.

Questa donna, molto graziosa e curata, è stata in una famiglia dove aveva sempre goduto di grande attenzione e affetto. Era abituata a stare al centro dell'attenzione di tutti, e questo stare al centro le era familiare e ci stava volentieri, tant'è che nel procedere della sua vita questa familiarità di posizione rispetto agli altri finisce un po' per diventare un'esigenza, un'esigenza cercata anche inconsapevolmente.

Questo *Essere vista* così tanto, certo le ha dato la sensazione rassicurante di non essere sola e soprattutto di non essere sola nella paura, che pure è presente nei bambini in giusta misura, ma di contro le ha tolto un po' il piacere di essere ogni tanto sola, di non dover sempre tener conto delle aspettative altrui (con le possibili relative delusioni). Questo è indubbiamente un po' il punto centrale della sua vita. Piacevole si l'attenzione e la gratificazione degli altri, ma è anche una bella fatica.

E infatti lei si impegna sempre molto in ciò che fa perché la sua vecchia sensazione [1] è quella di essere sempre sotto osservazione.

Il caso di Mara 45 anni

Mara sognava che "un uomo le tagliava la tempia, usciva molto sangue, e dunque sarebbe morta dissanguata".

Mara sognava anche spesso che: "qualcuno la perseguitava, le voleva fare del male".

In un altro sogno appare la necessità di potere sradicare cose e situazioni brutte del proprio passato. "C'è un albero bello, con i rami aperti. Lei però si accorge che si deve strappare e trapiantare, perché

---

[1] Le vecchie sensazioni sono i vissuti, le emozioni, i punti di vista che la persona ha vissuto molto tempo prima nella sua vita, e che si sono cristallizzate dando al soggetto una visuale sempre colorata da questo tipo di ottica.

attorno alle radici ci sono moltissimi vermi: sia piccoli che enormi. E' una sensazione molto brutta".

Tutti e tre questi sogni si riferiscono a paure antiche collegate, non a caso, alle figure maschili, paure che minano alla radice anche qualcosa di bello come l'albero con i suoi tanti rami, che minano alla radice le sue potenzialità di vita. Infatti da piccola (verso i 7 anni) lei e la sorella erano state molestate in casa dall'amico del padre.

Ma le sue paure non erano solo nei confronti delle figure maschili, perché non solo non era stata protetta nella vicenda con l'amico del padre ma era stata continuamente terrorizzata dai genitori che la minacciavano spesso se non obbediva.

A tutto questo si aggiunga che quando lei aveva 4 anni il padre andò via di casa senza dare spiegazioni e notizie, per ritornare poi una notte misteriosamente 3 anni dopo (sembra che sia dovuto andare a lavorare all'estero). Ma questo episodio le rese ancora più difficile il rapporto con la figura maschile, perché fu qualcosa che la destabilizzò, qualcosa che le tolse il terreno sotto i piedi.

Il caso di Melina 30 anni

"Aveva paura che venissero di notte i ladri nella villa dove abitava da piccola. Stava con le sue due sorelle. Si vestiva da Batman per sconfiggerli e al suo fianco c'era Robin. Assoldava uno per guardare la facciata del palazzo, per individuare i ladri. Il padre nel cercare di raggiungerla precipitava ma non si faceva male".

Si tratta indubbiamente di paure antiche (la villa della sua infanzia ci fa capire che il sogno si riferisce a quell'epoca), Melina aveva paura e si sentiva fragile. Ma già da piccola reagiva cercando di combattere, provando a farsi aiutare dagli altri che lei però doveva gestire, assumendo un elevato livello di controllo. E tutto questo l'aveva condotta a poco a poco a una vigilanza e a un allarme cronici molto elevati che avevano finito per logorarla negli anni. Senza però che riuscisse mai a sciogliere veramente le sue antiche paure, le quali si erano poi "cristallizzate" in vere e proprie fobie di tipo ossessivo. Melina nella sua vita era stata molto preoccupata per il padre, che però nel sogno non si fa male, rivelando che lei sotto quella preoccupazione sentiva in realtà la *propria* fragilità.

Il caso di Arianna 23 anni

Nel sogno che Arianna porta ad inizio terapia appare in modo chiaro come le paure così intense che aveva vissuto da piccola (e che l'avevano portata alla sindrome attuale di Attacchi di Panico, con una paura inarrestabile di stare per morire) fossero legate alla figura materna, e che anzi le fossero addirittura trasmesse direttamente dalla madre. "lei e la madre erano su un aereo che stava per decollare, un amico era venuto a salutarle all'aeroporto. Sembrava tutto tranquillo. Ma una volta che l'aereo era in volo, mentre sedeva sul sedile con la madre da una parte e un'altra persona a fianco, improvvisamente le annunciano che deve mettere il giubbotto di salvataggio. Le prende una forte paura, che diventa una vera e propria angoscia di morire, quando abbraccia la madre e vede sul suo viso l'immagine della morte, la conferma che sarebbe morta. Grida che non vuole morire, e poi si sveglia in un bagno di sudore e di terrore pensando che fosse morta".

Il sogno espressione di emozioni e in particolare di paure

Già in molti dei sogni descritti nei paragrafi precedenti, appare intensa la presenza di paure molto antiche (oltre naturalmente a situazioni negative di relazione con le figure adulte, in particolari quelle genitoriali, che era il tema del paragrafo precedente); paure che finiscono per presentarsi come "cristallizzate" nel tempo all'interno delle persone, pronte a riemergere quando la condizione della loro salute psicofisica viene ulteriormente minata spingendo il soggetto a chiedere un aiuto.

In questo paragrafo vogliamo far presente che le situazioni di ansia e di pericolo che possiamo osservare generalmente nei sogni riflettono in maniera chiara e diretta comportamenti e vissuti della vita reale (non del mondo fantasmatico dei pazienti). E questo ha una conseguenza importante perché proprio per questo i sogni variano in funzione delle alterazioni più o meno evidenti di alcune Esperienze di Base, in particolare quelle della protezione non avuta (Essere Tenuti e Protezione) oppure della difficoltà ad Allentare il Controllo e Lasciare[2]. Resta il fatto importante che i

---

[2] Dei sogni collegati alle varie Esperienze di Base parleremo nel Capitolo 6.

sogni di allarme sono collegati a situazioni vissute realmente dai pazienti, e perciò sono diversi nei diversi pazienti, non hanno un significato "simbolico" e rivelano ciò che è accaduto realmente nelle loro vite.

Nei sogni che chiamiamo "d'allarme" è possibile scorgere, inoltre, il grado di consapevolezza che la persona ha delle proprie emozioni e in particolare della paura. Se una persona ha un forte Controllo della sua paura, difficilmente nei sogni sarà direttamente e in prima persona coinvolta in una situazione di grande paura o pericolo. Nella maggior parte dei casi, infatti, queste persone sono stupite, meravigliate, di fare sogni dove (anche se in modo non diretto) compaiono queste emozioni. Il sognatore in questi casi è uno spettatore, è lì sulla scena ma in secondo piano, non direttamente minacciato. Il pericolo riguarda una situazione o qualcuno che è ad una certa distanza da lui.

Vanni

Vanni è un giovane che non ha la minima consapevolezza delle proprie emozioni: il suo corpo è come anestetizzato. Nessun tocco, nessun movimento, suscita sensazioni piacevoli o spiacevoli. Disteso, resta rigido, con gli occhi sbarrati fissi sul soffitto e il collo immobile. Si definisce molto autonomo e poco incline alla paura, salvo nelle crisi di panico che da qualche anno lo tormentano. Sin dalle prime sedute Vanni riferisce di sogni in cui lui è sulla scena di qualcosa di minaccioso, non per lui stesso ma per conoscenti e amici.

Sogno di Vanni alla prima seduta: "Ero lì che vedevo il mio amico che stava per cedere agli inviti degli spacciatori, stava per bucarsi ed io ero spaventato per lui".

Un altro sogno di Vanni: "Stavo tornando a casa quando vedo l'autoambulanza sotto il palazzo, qualcuno mi dice che stanno per portare via una ragazza in gravi condizioni; non si sapeva se ce l'avrebbe fatta; mi avvicino e mi accorgo che si trattava di mia sorella".

Per altri soggetti, invece, la paura è presente nel sogno come pericolo che interessa direttamente la persona.

Maddalena

Sogno di Maddalena: "Devo fare delle cose assurde, come scendere una parete liscia, e so di non avere alternativa" (sensazione di pericolo e di non farcela).

Sogno di Girolamo alla 13a seduta: "L'auto andava velocissima all'indietro sull'autostrada e io non riuscivo a fermarla".

Le alterazioni dell'Esperienza di Base dell'Allentare (o di Perdere) il Controllo sono sicuramente quelle che più frequentemente troviamo nei sogni dei pazienti, spesso collegate ad un'emozione di paura. Gli Attacchi di Panico, oggi sempre più diffusi anche tra i giovanissimi, segnalano proprio la difficoltà di mantenere sana la nostra capacità di modulare l'attenzione e la concentrazione in maniera che questa sia proporzionata e adeguata alle situazioni. Troppo spesso Controllo e Attenzione si fissano su livelli spropositati e inutili rispetto a ciò che si deve affrontare, e lentamente ci si ritrova in situazioni di alterazione che possono variare dallo stress cronico a forme patologiche più gravi e limitanti.

Mancanza di sensazioni, anestesie, pensieri continui e inarrestabili, fantasie negative sul futuro, errori e difficoltà nel decidere, non godere più dei momenti di calma e benessere, non sono altro che i disfunzionamenti più evidenti di questa Esperienza di Base.

Capitolo 5
Il sogno indicatore delle diverse fasi della terapia

E' noto che, di là dallo specifico modello con il quale si conduce la terapia, è possibile notare nei sogni fasi fondamentali della relazione terapeutica. Gli studi condotti da Luciano Rispoli sul funzionamento del processo terapeutico hanno evidenziato la corrispondenza tra alcune fasi della terapia e alcune situazioni e modalità espresse nei sogni.

Vediamo quali sono queste fasi e i tipi di sogni che vi corrispondono.

Il sogno come conferma della Diagnosi e del Progetto terapeutico

Abbiamo già detto che il sogno è una delle Funzioni che compongono la persona nella sua interezza, spesso in contatto con la profondità del Sé, al di là dei filtri della razionalità e del controllo. Quando questa Funzione non è compromessa da alterazioni, ci permette di individuare e confermare alcune informazioni sulla vita del paziente e in particolare

- in quale momento della terapia si trovi il paziente;
- cosa è invece successo nel passato;
- cosa sta per succedere nel prossimo futuro.

Per questo il sogno può essere un ulteriore elemento a conferma della Diagnosi e del Progetto terapeutico, un'ulteriore elemento, come un test, che può ancor più focalizzare l'attenzione del terapeuta su quelle Esperienze di Base bisognose di aiuto, quei Funzionamenti di fondo che hanno bisogno per cosi dire di essere restaurati.

Il caso di Alessia 35 anni

Alessia ha da poco cominciato un percorso terapeutico; i motivi che la portano in terapia sono: un'intensa sensazione di confusione, poca stima di sé, tristezza e sensazione di solitudine. Alessia riferisce di non essersi mai fidata di qualcuno veramente e di non aver mai veramente parlato di sé. Ha vissuto e vive in una famiglia ipercritica e severa. La madre, testimone di Geova le ha sempre vietato tutto o quasi, e alla fine Alessia crede veramente di essere una delusione continua. Inoltre con il fratello c'è una continua contrapposizione, su tutto, esasperante e svilente.

La conseguenza di tutto ciò è una contorta relazione con gli uomini. Con loro Alessia é esageratamente disponibile, in un continuo tentativo di accaparrarne l'attenzione; a tal punto che viene presa da una angosciosa sensazione di rifiuto quando l'incontro non si conclude con un rapporto sessuale. Alessia non può fare a meno di sedurre e fare offerte sessuali, fino ad accettare rapporti sessuali con più uomini.

In realtà questo è l'unico modo che lei ha a disposizione per opporsi e trasgredire ad una educazione ricevuta molto rigida, sessuofobica, che ha completamente svalorizzato la sua femminilità. Alessia confonde nella sua mente la necessità di recuperare il suo essere donna con il diventare un appetibile, irresistibile oggetto del desiderio. Nel momento in cui viene in terapia ha una confusa relazione con un uomo per il quale fa di tutto, pur non sentendosi mai apprezzata. Bloccata in tutti i movimenti, da piccola anche in quelli di gioco, Alessia non ricorda molto della sua infanzia, non ricorda momenti di gioia o di contentezza.

Inoltre Alessia soffre di insonnia e fa raramente sogni, che per di più sono confusi e strani. Un sogno ricorrente è quello di voler parlare o urlare ma la voce non le esce.

Alessia ha da poco cominciato un percorso terapeutico e racconta di un sogno che le aveva lasciato una sensazione particolare, la sensazione che fosse diverso dagli altri sogni. Alessia riferisce del sogno dopo che si era parlato in seduta di alcuni suoi Funzionamenti che dovevano essere modificati. Allora, come se fosse stata colpita da un'illuminazione improvvisa, ricorda di un sogno di poco precedente quella seduta che le conferma il Progetto terapeutico e il cambiamento di cui ha bisogno. E in questo caso particolare è stata lei stessa a collegare quanto le veniva esposto dalla psicoterapeuta a ciò che le diceva il sogno.

In fase iniziale di terapia, dunque, il sogno conferma in pieno il percorso terapeutico da fare, e cioè che Alessia deve poter cominciare a sentire le sue *Sensazioni* così come il piacere di essere cercata e presa senza l'attivazione spasmodica che finisce per anestetizzare le sue sensazioni e toglierle il piacere di una sessualità piena e appagante.

Sogno di Alessia: "Ero in una stanza molto ampia luminosa come se fosse una stanza orientale con morbidi tessuti smossi dalla brezza che pendevano un po' qua e un po' là; insieme a me c'era il mio attuale compagno. A differenza di quanto accade nella realtà era lui che mi faceva coccole e tenerezze. Io non facevo nulla, stavo semplicemente lì a godermi quanto accadeva tranquilla, senza attivarmi per fare delle cose. Ero vestita di una soffice camicia di seta morbida e fluttuante nella sua forma" (invece del solito abbigliamento provocante e trasgressivo).

In molti casi ho potuto vedere che a distanza di poco dall'inizio della psicoterapia si manifestano sogni che sottolineano e rimarcano la necessità di andare proprio nella direzione in cui si svilupperà il Progetto terapeutico, e ciò è sempre gradevole oltre che utile!

Il caso di Donata

Donata viene in terapia per risolvere l'insicurezza e la depressione che l'hanno afflitta nell'ultimo periodo. Vive in una famiglia dove non esiste nessuna comunicazione: la madre, lei e le sorelle sono vittime di un padre collerico e manesco, che ha finito per immobilizzarla e toglierle i suoi slanci vitali, così come è accaduto alla madre. Un sogno ricorrente di Donata è il mare. Di seguito è trascritto un sogno per lei significativo, che potrebbe essere erroneamente visto come un sogno di allarme o di pericolo, un sogno di quelli che si possono vedere soprattutto nei pazienti con Attacchi di Panico; ma collegato più strettamente alla storia di Donata. Questo sogno indica e conferma i suoi più profondi bisogni, la necessità urgente di *Allentare il Controllo forte* ed esasperante che la immobilizza di *Lanciarsi* sulle cose, nella vita, di uscire dalla passività, di recuperare *Vitalità* e spensieratezza (proprio le Esperienze di Base sulle quali si incentra il Progetto terapeutico di Donata).

Sogno di Donata: "Sono con mia madre su una scogliera, e mia madre si lancia giù trascinandomi con sé, sento il vento sul viso e precipito senza paura".

Il caso di Armando 24 anni

Armando comincia la terapia, e nel suo primo colloquio riferisce di aver fatto da piccolo spesso sogni truculenti, animati da bambini assassini. Ma vedremo che anche in questo caso, al di là dei sogni che faceva da piccolo, un sogno a inizio terapia conferma una parte importante del suo Progetto terapeutico ovvero la ricostruzione dell'Esperienza di Base della Forza, che in Armando si è precocemente arrestata e alterata. La cattiveria che Armando manifestava solo nei sogni, e che appena si intravedeva in alcuni suoi vecchi scherzi "cattivelli" che faceva con i compagni ai vicini di casa, non è altro infatti che un'alterazione dello sviluppo dell'Esperienza di Base della Forza, inquinata e bloccata da una rabbia compressa che finisce per diventare rancore e desiderio cattivo di vendetta, peraltro non confessato nemmeno a se stesso.

Sogno di Armando: "C'erano degli sconosciuti che nella strada lo accerchiano minacciosamente. Lui cerca di mandarli via ma sente che gli mancano le forze per combattere. Spera di avere un'arma con sé ma non se la ritrova".

E' evidente che Armando non può più usare modalità cattive (che tra l'altro non usa veramente) ma ha bisogno di una Forza vera, aperta e adulta.

Il caso di Mara 45 anni

Sogno di Mara: "Nella villa che lei stava sistemando per andarci ad abitare, c'erano due uomini (che le ricordano due uomini della sua vita: il marito con il quale intrattiene ancora rapporti e il collega che vorrebbe che lei stesse a lavorare sempre lì con lui. Si accorge che il rampicante che aveva comprato con tanto amore da mettere in giardino non c'è più. Arriva il suo attuale compagno e dice che la pianta l'ha regalata! Lei ci rimane malissimo, e gli altri due uomini si disinteressano completamente a lei.

Si tratta nella realtà di tre situazioni reali di rapporto con gli uomini, tutte e tre non positive. E nei primi incontri con la paziente il Progetto terapeutico aveva individuato la necessità di modificare il rapporto di Mara con gli uomini e di arrivare finalmente a una relazione in cui si sentisse veramente valorizzata, senza dover fare più la "madre accudente".

Le fasi iniziali in generale

Se prendiamo come esempio la fase iniziale della terapia di un paziente con frequenti Attacchi di Panico, che non ha però ancora compromesso in modo grave il funzionamento del sonno, quello che si osserva sono ricorrenti situazioni in cui il sognatore (o altre persone in sua vece) è in *grave pericolo*. Oggi sappiamo che nel disturbo da Attacchi di Panico tutto il piano fisiologico della persona è alterato, e in continua e cronica simpaticotonia. La respirazione è anomala (si osserva che l'inspirazione è troppo lunga e trattenuta al livello del torace, scende poco o nulla nella pancia) e da ciò la sgradevole sensazione di non riuscire a respirare; il tono muscolare è o ipertonico o ipotonico (ha quindi perso la naturale capacità di adattarsi alle varie situazioni); il pensiero che si sviluppa è che da un momento all'altro si può stare male, o addirittura che si può all'improvviso morire quando la paura è veramente intensa. Questa configurazione di fattori fisiologici determina uno stato emotivo di allarme e paura che con sistematicità si riscontra nei primi sogni che il paziente riporta al terapeuta.

In questi sogni si vivono situazioni di *paura* dalle quali il sognatore dovrebbe allontanarsi, proteggersi, o proteggere qualcuno, ma che invece diventano angoscianti per l'impossibilità di agire, in ogni senso.

Tipici, in tal senso, sono i sogni in cui si è rincorsi da animali, ladri, mostri. A dispetto della situazione di pericolo, in questi sogni il movimento è rallentato (la paura e l'allarme vissuti cronicamente - come abbiamo già detto - alterano le capacità muscolari, ci si muove con più fatica a causa della rigidità), nell'incubo le gambe si muovono come se si camminasse in assenza di gravità. Il peso del corpo sembra non essere sufficiente a imprimere forza nelle gambe e i piedi sfiorano il suolo muovendosi con estrema lentezza. La disperazione e la paura crescono fino a provocare il risveglio agitato. La possibilità di mettersi in salvo da parte del sognatore è impedita principalmente da gambe che sono paralizzate, o sembrano muoversi lentamente, o ancora, non muoversi per niente.

Questi sogni iniziali che il paziente riporta ci dicono quali sono da persona a persona le Funzioni più compromesse all'interno di una stessa Esperienza di Base alterata, vale a dire quella del Controllo. Il terapeuta può quindi andare a verificare come è la Funzione *movimento* per una persona, e per un'altra persona come sta la Funzione *voce*; in una situazione di Controllo alterato in entrambi i casi. Del resto proprio queste Funzioni molto spesso risultano compromesse in modo caratteristico per tutti quei pazienti che presentano una alterazione del Controllo, della Calma, delle Sensazioni e del Lasciare.

Riportiamo di seguito la rappresentazione grafica delle Funzioni alterate della Esperienza di Base del Controllo. Dal Diagramma si possono osservare facilmente in che senso e in che modo le Funzioni del Sé sono alterate.

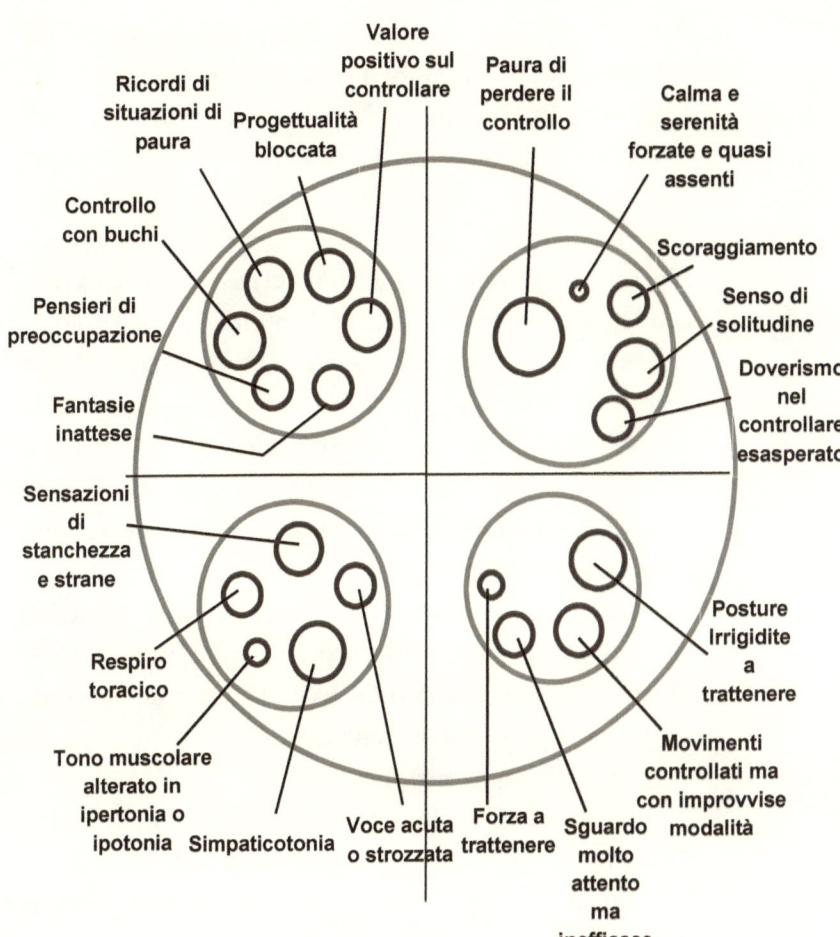

All'inizio della terapia i sogni possono confermarci dati già acquisiti nella fase diagnostica – come già abbiamo detto sopra. In particolare possono rivelarci quali Funzioni all'interno di un'Esperienza di Base sono maggiormente danneggiate, ma possono anche dirci delle relazioni tra Esperienze di Base contigue. Per esempio, tornando al sogno delle gambe bloccate, queste sono anche descritte come leggere e senza peso, come incapaci di imprimere sul suolo la presenza della persona, facendoci così pensare ad una probabile carenza dell'EBS della Forza e della Consistenza. Nei sogni di alterazione del Controllo, caratterizzati dalla voce che non esce per poter chiedere aiuto, possiamo ipotizzare invece un collegamento con l'EBS Essere Ascoltati, nel senso che la persona anche in situazioni di pericolo non crede più che qualcuno possa correre in suo soccorso e quindi non riesce a chiamare perché la voce non esce. Il sognatore vorrebbe gridare, ma la voce non viene fuori.

Facciamo degli esempi.

Luciana alla 7a seduta racconta un sogno ricorrente: "So che mi vogliono aggredire, devo scappare; sono in una situazione di pericolo, voglio urlare ma non esce la voce".

Sia i sogni in cui si vorrebbe fuggire sia i sogni in cui si vorrebbe gridare spesso provocano il risveglio della persona, che si ritrova ancora una volta avviluppata in un'intensa sensazione di paura[3].

---

[3] Vedi tutto il capitolo 4.

Sogno ricorrente di Eva: "Ero chiusa in una cassa: non potevo urlare per far sentire che ero viva".

Carlo alla 3a seduta: "Cercavo la macchina ….ma spuntano dei grossi felini, simili a pantere che mi guardano minacciosi… Cerco di scappare ma le gambe erano molto pesanti e non rispondevano alla mia volontà"

E' frequente che un paziente, prima di iniziare una psicoterapia, abbia trascorso un certo tempo nel tentativo inutile di risolvere senza aiuto il suo malessere. Il tentativo di darsi aiuto da solo nasce dal voler celare agli altri il proprio bisogno di aiuto perché questo sarebbe avvertito come prova della propria fragilità, o della propria incapacità a fare da soli; sarebbe avvertito come segno di una volontà debole. Parlando in termini di EBS possiamo dire che alcune Esperienze di Base più collegate a tale difficoltà (come per esempio: Affidarsi a, Essere guidato, Essere Tenuto, Controllo) non hanno avuto una piena evoluzione nella vita della persona.

Spesso, infatti, i pazienti riferiscono critiche e accuse mosse da chi sta intorno a loro e li sollecita a fare proprio quello che non possono fare (a causa dei loro disturbi e a prescindere dalla loro volontà), e che invece potranno fare soltanto dopo che saranno stati aiutati in modo adeguato.

Quanti pazienti disturbati da pensieri ossessivi sono stati incitati a non pensare, o ancora a pensare ad altro! Quanti pazienti affetti da angosce sono stati sollecitati a distrarsi dalle sensazioni che provocavano paura e malessere, come se questo fosse veramente possibile con un semplice atto di volontà!

I pazienti sono in questo modo spinti da chi è loro vicino proprio nelle direzioni opposte a quelle necessarie alla cura; e fallendo nel seguire i consigli ricevuti, accumulano ancora di più malessere, e purtroppo anche sfiducia nel poter ricevere aiuto e guarire.

La sensazione di fondo di non poter essere veramente capiti da nessuno, insieme al dubbio che i sentimenti dell'altro, persino delle persone più care, siano negativi nei propri confronti, è spesso espressa dai sogni dei pazienti all'inizio terapia.

Sogno di Arianna all'8a seduta: "Chiedevo aiuto a mio padre ma lui non mi ascoltava e parlava con il suo amico".

E di Arianna alla 10a seduta: "Eravamo riuniti come per un festeggiamento; ma tutti mi accusavano di qualcosa".

Le fasi più avanzate

Se continuiamo ad analizzare i sogni collegandoli alle varie fasi della terapia, possiamo rintracciare anche quegli elementi che segnalano che il paziente si trova in fasi successive della cura.

Se ad esempio continuiamo a seguire i sogni di pazienti con sintomi da Attacchi di Panico, si può notare che ad un certo punto i sogni contengono ancora l'emozione di paura ma con caratteristiche diverse da quelle delle prime fasi della terapia. La paura comincia ad essere collegata, in modo sempre più palese e meno drammatico, proprio alle Esperienze di Base che il paziente sta ricostruendo in terapia, e in particolare alla relazione con il terapeuta.

Altri elementi che si ritrovano puntualmente in fasi più avanzate della terapia sono elencati di seguito:

✓ La paura è del sognatore stesso e non più riferita a persone diverse da lui.

✓ Nei sogni di paura cominciano a comparire persone *buone*, persone che intervengono in soccorso del paziente nel sogno, o alle quali lui riesce a chiedere aiuto.

Invece nei primi sogni riportati dal paziente, questa figura che può salvare dal pericolo non è quasi mai presente: o il sognatore assiste passivo ad una situazione di pericolo dove non è coinvolto direttamente, oppure, se lo è direttamente, non c'è niente o nessuno che possa aiutarlo.

E' possibile, allora, rintracciare in questi sogni in fase più avanzata chiaramente il filo di una fiducia che cresce nei confronti dell'altro (in particolare del terapeuta), insieme alla speranza di poter essere aiutati. Il paziente "entra" sempre più in terapia, si affida sempre più al terapeuta.

✓ Il sogno difficilmente provoca al risveglio emozioni negative intense come nella prima fase della terapia.

✓ La paura è adesso maggiormente legata alla sensazione di poter perdere l'altro a cui ci si sta affidando e di ritrovarsi nuovamente soli.

Sogni di entrata in terapia

Nei sogni di entrata in terapia si inizia a percepire che c'è qualcuno che aiuta il paziente in situazioni ancora non facili o paurose o di disagio. Ma non si tratta del terapeuta, bensì di figure che indirettamente lo richiamano. Vediamo come.

Sogno di Maddalena alla 16a seduta: "Parlavo con una mia ex-insegnante perché sentivo che potesse aiutarmi nelle mie paure per l'esame di maturità. Nella realtà questa persona non mi ha mai ascoltato veramente". Siamo dunque all'inizio della fiducia dell'essere compresi, anche se non si sogna direttamente il terapeuta.

Sogno di Francesco alla 5 a seduta: "Stavo in macchina e mi ritrovo per strade sconosciute. Non sapevo come tornare. Cominciavo ad avere paura. Un signore lì in strada mi dice che mi può aiutare. Mi sento rinfrancato".

Sogno di Emanuela alla 8a seduta: "Sta in un posto affollato, Sta cercando qualcosa, cerca un aiuto (ma non sa dire bene cosa). Quando una persona le fa cenno di sedersi ad una tavola vicino a lei e le chiede cosa vuole. Lei sente con sollievo che questa persona può aiutarla".

Sogni di terapia

Sono sogni che si riferiscono ancora più chiaramente alla terapia in corso. La figura del terapeuta è spesso presente realmente, non più dissimulata sotto altre sembianze. Aiutano a comprendere come è la relazione con il terapeuta in quel momento, con i suoi risvolti positivi, e anche con i momenti di difficoltà, di preoccupazione o di dispiacere quando il paziente ricade nelle sensazioni di non essere pienamente visto, apprezzato, aiutato. Ma in questi sogni può essere anche presente il processo in corso, la costruzione di una nuova casa, di una nuova esistenza.

Il caso di Antonia 38 anni.

Sogno di Antonia: "Sta in un incontro di terapia di gruppo, seduta con in braccio la sua cagnetta, nessuno la nota. Il terapeuta siede di fronte. Una donna vicino a lei sta parlando. Finisce l'incontro e lei esce insieme al terapeuta che sulla sua agenda tiene segnato l'appuntamento con lei in un giorno e un'ora diversi. Vuol dire che può esserci un cambio di appuntamento: di gruppo o individuale.

All'inizio si sente un po' come trascurata, ma alla fin fine si rende conto che è importante la terapia e non gli aspetti organizzativi (orari, spostamenti di sedute, ecc.)".

Altro sogno di Antonia

"Arriva ad una sede nuova per la sua terapia. Una sede grande e spaziosa, bella. Piena di scaffali, fogli e libri interessanti. Incontra lì anche degli amici cari. Da fuori, la sede assomiglia ad una casa molto bella che lei da piccola vedeva sempre quando passava nella strada della sua città natale, città nella quale vuole ritornare a vivere per un nuovo progetto di lavoro.

Incontra il terapeuta che le fa i complimenti e che la fa entrare nella sede nuova, incoraggiandola a usarla".

Si tratta di un importante sogno di terapia, in cui si nota un'evoluzione positiva della relazione con il terapeuta (la sede bella, i complimenti del terapeuta); ma compare anche la presenza di un progetto futuro che va oltre la terapia.

Altro sogno di Antonia

"Nella sua casa attuale, il terapeuta stava in cucina con la madre di lei; lei li guardava. Il terapeuta e la madre parlano e ridono insieme, e lei è felice di questo. Si accorge che ha i pantaloni corti contenta che finalmente se li può mettere perché aveva gambe bellissime. Poi a tavola per la cena, tavolo imbandito molto bene, Lei è contenta, tutti allegri a tavola".

Antonia è arrivata a un punto avanzato di terapia. Può sentire che la sua vita non è separata dalla terapia, in una importante relazione armonica anche con le figure care della sua esistenza.

Il sogno seguente è un'ulteriore conferma che Antonia è arrivata ad una fase terapeutica che volge al suo termine positivo, nella quale si riscontra la relazione affettuosa ma anche quasi paritaria con il terapeuta.

Sogno di Antonia: "Chiacchierava con il terapeuta mentre erano seduti vicini in poltrone confortevoli, come due amici. E' un po' sorpresa, ma nel senso piacevole. Si sente bene in una grande tranquillità".

Melina 30 anni

Sogno di Melina: "Il terapeuta, mentre stanno ad una festa, le da un bacio lievissimo sulla guancia. Arriva il fratello grande di Melina (a cui lei è molto affezionata), e lei è contentissima".

Melina ha la sensazione chiara che il terapeuta le voglia bene. E appaiono anche collegamenti con il fratello molto amato.

Il caso di Mara 45 anni

Sogno di Mara: "Ci sono lavori in appartamenti, costruzioni in corso, un cantiere in cui stanno migliorando e aggiustando casa sua"

Altro sogno di Mara: "Si trova in una villa antica ottocentesca con fregi molto belli, decorati a conchiglia. Lei e il terapeuta guardano la villa mentre stanno mangiando qualcosa all'esterno. Osservando la villa c'era qualcosa che per lei non andava. Il terapeuta allora prende un balcone in più e lo aggiunge, e dice <<adesso ti piace?>> <<Adesso mi piace molto!>>".

Il sogno si riferisce al progetto terapeutico, all'andamento della terapia, della costruzione della villa, della costruzione della nuova esistenza di Mara. Il balcone migliora ulteriormente la villa.

Altro sogno di Mara: "Scendeva in scavi sotterranei e trova due persone che stavano realizzando un'opera musicale molto bella: uno suonava e l'altro cantava. Era una cosa più che bella, grandiosa!"

In questo sogno emerge che la terapia sta raggiungendo livelli molto profondi, con effetti molto positivi (grandiosa).

Altro sogno di Mara: "Era in difficoltà. Il terapeuta arriva e la abbraccia chiedendole della sua situazione di difficoltà. Per Mara è bello e tranquillizzante".

Altro sogno di Mara: "Stava in un piccolo residence con un'amica che era allegra, ma lei non sta a suo agio nella camera e se ne scende. Incontra il terapeuta in una sala da pranzo che le dice di fermarsi. Lei osserva che lui deve cenare (pensando di dare fastidio), <<Ma fermati>> dice lui <<Ordiniamo da mangiare insieme!>> <<Ma allora non ti do fastidio, mi vuoi bene?>> dice Mara. <<Ma non lo sai? Non te lo devo dire>> <<Se me lo dici è più bello>>. Mara trova le foto di lei a12 anni di lei sul tavolo del terapeuta. Si meraviglia che lui si interessi alle sue foto! E si è sentita molto tranquilla".

In questo ultimo sogno, articolato, ma chiaro ed emotivamente "forte", si rileva un livello molto intenso di terapia. La paziente arriva a sentire con certezza che il terapeuta le vuole bene. E che si può andare a recuperare e aggiustare il suo passato, momenti difficili del suo passato (le foto di lei a 12 anni).

Antonina 26 anni.

Sogno di Antonina: "Era in terapia, ma lo studio era al contempo un centro estetico. C'era la terapeuta, lei, la madre e altri. Doveva contenere la madre che era "debordante" parlando con il terapeuta. Una estetista le dice che è un po' grassa, ma un estetista uomo le dice che è bellissima".

E' chiaramente un sogno di terapia, con elementi positivi e negativi (i giudizi dell'estetista donna e dell'estetista uomo). All'interno della terapia c'è anche la madre, e lei riesce a fermarla.

Fasi di recupero delle capacità

Quando un vecchio sogno, con contenuti negativi di paure, immobilità e pericolo, si ripresenta cambiato positivamente, ovvero presentando soluzioni diverse, aperture vitali che prima non si riscontravano, siamo nella fase successiva della terapia, caratterizzata dal recupero di una capacità. E spesso il sogno anticipa questo recupero prima che la persona stessa ne abbia consapevolezza.

Vedremo ancora meglio nel capitolo 6 i sogni legati ai vari Funzionamenti di fondo (EBS), Funzionamenti di fondo da cui dipende il recupero delle varie Capacità di vita.

Eva

Eva sognava spesso di dover affrontare interrogazioni ed esami, anche se aveva ormai concluso gli studi, e in questi sogni c'era sempre l'angoscia di non avere il tempo sufficiente per potersi preparare. Sul finire della terapia questi sogni cominciarono a modificarsi:

"So che mi hanno cambiato il programma dell'esame solo il giorno prima ma non sono preoccupata conosco bene l'altra materia devo solo riguardare qualche appunto"

"Devo tornare a ripetere un'interrogazione di chimica al liceo ma non sono preoccupata"

Alessia

Alessia aveva molto lavorato nella sua terapia per recuperare la capacità di Mostrarsi, di farsi vedere; nei suoi sogni prima della terapia, Alessia si trovava spesso per strada nuda o senza scarpe e non sapeva come nascondersi dagli sguardi degli altri. Nella vita quotidiana schivava tutte le situazioni in cui anche per un solo attimo tutti gli occhi potevano essere puntati su di lei. Alle feste o in discoteca poteva ballare solo quando la pista era piena e lei si poteva mimetizzare tra gli altri. Nella sua vita l'Essere Vista era stato troppo spesso inquinato dall'ironia e da un giudizio che, se pur non negativo, era troppo spesso poco credibile per restituirle un'esatta immagine delle sue reali capacità. Tutto ciò aveva finito per rendere poco piacevole quest'esperienza e di conseguenza le sue capacità in questa direzione risultavano totalmente compromesse.

Sul finire della terapia, Alessia porta un sogno molto significativo e unico rispetto a quelli fin allora fatti.

Sogno di Alessia alla 47a seduta: "Avevo organizzato in un magnifico palazzo un grande ricevimento come fosse un ballo all'ambasciata. C'erano molte luci e tantissime persone e io ero nuda con un bel paio di scarpe dai tacchi alti e un piccolo mantello di piume rosse. Mi piacevo come stavo e mi divertivo incurante dei pensieri e degli sguardi altrui".

Antonia 38 anni

Sogno di Antonia: "Incontra suo padre che inizia, come di solito, a muoverle aspre critiche, specie rispetto all'educazione della figlia più grande Naomi, che – dice il padre – ha tanti problemi, <<non lo vedi?>>. Lei gli risponde molto tranquilla che a Naomi ci pensa lei e che deve andare perché ha molte cose belle e importanti da fare. Torna a casa e Naomi le viene incontro affettuosa senza i suoi soliti capricci".

E' uno dei sogni che indicano il recupero della Autonomia e della Consistenza, senza che la persona si faccia più condizionare dalle figure genitoriali giudicanti e oppressive. Ma anticipa anche un importante cambiamento perché da quel giorno con la figlia Naomi è andata veramente molto meglio. Già la sera stessa Naomi ha chiesto baci e abbracci: era la prima volta che lo faceva così intensamente e spontaneamente.

Momenti di difficoltà in terapia, vecchie tracce

Il processo terapeutico non ha un andamento lineare, non ci sono miglioramenti che procedono in avanti sempre allo stesso ritmo, ma esistono inevitabilmente momenti di difficoltà, ritorni anche se solo passeggeri all'indietro. Le cosiddette "vecchie tracce", cioè i modi di funzionare alterati che la persona presentava, possono riaprirsi ancora, perché sono divenuti abitudini in cui si può ricadere. Ma sono ricadute molto meno intense e gravi, e temporanee. I sogni possono darci conto anche di questi momenti, e aiutano il terapeuta, ma soprattutto i pazienti, a comprendere che è solo una difficoltà temporanea più che normale nel processo di terapia, e che non c'è da scoraggiarsi.

Mara 45 anni

Sogno di Mara: "Era andata a trovare la madre ed ha incrociato il padre. Si sentiva svuotata e senza energia. Il padre le dice «ti vedo stressata e senza energie». Come mai la terapia – pensava - non sta più migliorando il mio stato di stress? Prima stava funzionando! Vedeva che il padre se ne andava e anche il terapeuta, tutti e due un po' scocciati. Si arrabbia che il terapeuta si allontana, e lo richiama".

C'è la paura che il terapeuta se ne vada, paura e rabbia insieme: la sensazione vecchia che come al solito deve fare da sola, che il padre come al solito non l'aiuta mai, e che il terapeuta se ne va, e che lo stress sta ritornando. Ma poi all'ultimo richiama il terapeuta, lo "recupera". E difatti la terapia ritornerà a procedere molto positivamente.

Sogni di fine terapia

Indicano un cambiamento chiaro nella relazione con il terapeuta tipico delle fasi finali della terapia. Ad esempio, l'instaurarsi di una reciprocità tra terapeuta e paziente che è possibile perché quest'ultimo ha recuperato sufficientemente i Funzionamenti carenti e alterati. Non è quindi più necessario che si affidi e si abbandoni al terapeuta, ma può sentirsi pienamente autonomo.

Mara 45 anni

Sogno di Mara: "Un amico del terapeuta stava male e lui era molto preso da questa situazione. Lei dice a delle altre persone che stanno lì intorno: <<Andiamo da questo amico, ha bisogno di sostegno dagli altri>> ma gli altri non se la sentono. Allora lei accompagna il terapeuta, gli mette una mano sulla spalla, e, girandosi, ancora sprona gli altri con grande determinazione <<Volete venire o no?>>".

E' chiara qui questa reciprocità con il terapeuta: esserci quando lui ne ha bisogno Si nota anche un buon recupero della Determinazione.

Un secondo sogno si accompagna al primo.

"Riprende un cammino, non sa ancora precisamente dove deve arrivare ma ha una sensazione bella del posto in cui giungerà. Incontra una piazza, c'è una festa, uno spettacolino. Si ferma e uno sembra rimproverarla: <<Vuoi vedere lo spettacolino e pensi di essere arrivata?>> Ma lei voleva solo riposarsi. E continua il cammino molta tranquillità".

La paziente è nelle fasi finali della terapia, come abbiamo già visto, ma sa che deve fare ancora un po' di percorso e lo continua con molta tranquillità.

Melina 30 anni

Sogno di Melina: "C'erano delle persone, la trattavano come se lei fosse la figlia del terapeuta. Lei era stupita ma contenta. Queste persone dicevano che il terapeuta/padre aveva fatto delle cose speciali per lei, e lei era contenta e in attesa che le ultime cose buone le arrivassero".

Melina sente in modo chiaro e forte la positività della relazione con il terapeuta che è veramente un "nuovo buono genitore" (come teorizza il Neo-Funzionalismo). Sente che ha ricevuto cose buone da lui ma che è in fine terapia (le devono arrivare solo le ultime cose buone).

Grazia

Sogno di Grazia. Quello di seguito riportato è uno degli ultimi sogni che una giovane donna porta sul finire della sua terapia. Solita a fare incubi per un bel pezzo della sua vita e durante i primi tempi della terapia, Grazia porta questo sogno da lei stesso scritto commentandolo con queste parole che riporto testualmente:

<<Ieri notte ho fatto un sogno alla fine del quale mi sono svegliata con una grande sensazione di gioia e soddisfazione mai provata prima>>.

"Mi trovavo in un grande palazzo (costruzione di cemento grigia, niente di che) la cui caratteristica era una rampa che saliva verso l'alto lungo i quattro lati delle pareti. Stavo insieme a Marcella (mia collega e amica), e oltre a noi, c'era una folla di gente sia al piano terra che lungo tutte le rampe. All'inizio noi stavamo al piano terra di fronte ad un ascensore, ed io non ricordo se dovevo aspettare lì che venissero delle persone che dovevo incontrare, tra cui anche una donna. Passa del tempo e questa donna (che era la mia prima cliente) non viene giù da me, così alla fine dobbiamo salire io e Marcella da lei. Quindi iniziamo a salire su queste rampe. Nonostante alcuni momenti di difficoltà e rallentamento, riusciamo ad arrivare all'ultimo piano di questo palazzo, dove ci accoglie questa donna, che era una assistente sociale. Ci fa accomodare in una stanza dove lei stava dietro ad una specie di cattedra. Marcella resta all'entrata, mentre io mi siedo nell'angolo vicino a lei per confrontarmi su certi farmaci. Di fronte a questa cattedra c'erano dei banchi più piccoli (tipo scuola) dove erano sedute delle persone che sembrava stessero facendo un esame o un concorso (erano adulti). Mentre stiamo lì a parlare, a un certo punto, un uomo che stava al banco in prima fila (tra l'altro belloccio, bruno con gli occhi verdi) mi dice: <<ma lei qui è entrata muovendo le cose un po' così, ma si rende conto?>>. Il suo tono di voce era palesemente polemico. Io penso quindi che avesse voluto intendere che avevo mosso delle cose a casaccio, senza senso. Mi siedo allora al centro della cattedra proprio di fronte a lui con le mani giunte in avanti e gli domando con calma che cosa volesse dire lui dicendo che avevo mosso le cose un po' così, e ricordo esattamente che domandandogli questa cosa ero rimasta davvero molto calma, anche nella voce, e non avevo la solita tachicardia. Comunque lui con mia grande sorpresa mi risponde: <<lei le ha mosse con sicurezza, come se le conoscesse bene! Ma nonostante queste parole, che erano quindi un complimento, continua con la polemica nei miei confronti e dice: <<ma lei è troppo giovane per stare qui!>>. Io penso subito al fatto che effettivamente mi porto più giovane della mia età (come accade sempre nella realtà), ma al di la di questo particolare, si trattava comunque di un attacco da parte sua; e, a differenza della realtà, resto davvero molto calma e continuo a parlare con lui tranquillamente e con una grande sicurezza (che nel sogno ho sentito proprio bene), e gli chiedo: <<lei quanti anni ha?>> E lui dice: 42. E io dico: <<ah! Allora è molto giovane e già occupa un ruolo di grande responsabilità qui, le faccio i complimenti!>>. E glielo dico proprio sorridendo e con sicurezza. Poi proseguo chiedendogli a che età lui fosse entrato a lavorare lì. Lui ci pensa un attimo e poi mi risponde: << a poco più di 30>>, ed io allora, con grande soddisfazione, gli dico: <<e quanti anni pensa che io

abbia?». E così gli svelo che ho 34 anni, quasi 35. Lui allora rimane a bocca aperta e deve stare zitto. Lancio un'occhiata a Marcella che se la stava ridendo osservando la scena. Poi, improvvisamente, parte un applauso molto rumoroso da tutti quelli che stavano dietro a questi banchi. E io intanto sempre lì, calma, ferma e anche serenamente divertita. Anche l'assistente sociale mi sorride. Poi mi si avvicina una ragazza (tra quelle dietro i banchi) e mi dice: <<brava, ha fatto proprio bene! Sappia che io l'appoggio completamente!>>".

Questo sogno è molto bello per la sua completezza perché riporta e riassume importanti movimenti, intesi come vissuti, di Grazia. Impegnata nella sua vita in una professione d'aiuto, e affascinata dalle conoscenze che apprendeva via via nel suo percorso formativo, pur partendo da una sua iniziale fragilità, Grazia conferma con il suo sogno le avvenute trasformazioni. Questo sogno in cui sale delle scale con la sua collega è un chiaro riferimento al percorso professionale in corso di svolgimento. Nonostante qualche rallentamento, qualche ostacolo e la preoccupazione di non essere abbastanza capace, arriva a confrontarsi con la donna che è già dietro la scrivania, quindi una persona professionalmente più esperta e autorevole. Qui il sogno le dice che è arrivata a una buona conoscenza di quello che deve fare, che sente di poter cominciare a lavorare con una certa sicurezza. E in effetti Grazia ha già mostrato nel suo lavoro ottime capacita discorsive e oratorie. L'ultima parte del sogno conferma la diversa percezione che lei ha ora di se stessa. E' lei dietro la cattedra, di fronte al pubblico: questo ci dice che l'Esperienza di Base dell'Autonomia si è molto sviluppata, così come la sua Calma e la sua Consistenza. Nel sogno Grazia, infatti, riesce con grande calma ad Affrontare e a mettere al suo posto l'uomo che prima l'accusa di non saper fare e di essere troppo giovane. Da titubante e fragile sente ora di poter tener testa a chicchessia e questa sensazione l'avverte con grande piacere e soddisfazione (Esperienza di Base dell'Affrontare e dell'Autoaffermazione).

Sogni di "messa a posto" delle situazioni familiari

Luisa 19 anni

Luisa ha sempre sofferto di essere stata una bambina adottata, e ha anche sofferto perché il padre aveva una seconda famiglia con una bambina che, paradossalmente, le assomigliava parecchio. Questo suo vissuto negativo era ulteriormente alimentato da una certa indifferenza da parte del padre, se non addirittura una esagerata severità ed ostilità.

Sogno di Luisa: "Stava a casa del padre, c'era una porta blindata e al centro una finestrella che dava su un bagno dove si trovava in quel momento suo padre. Lei riesce ad entrare, si avvicina al padre e gli spara 33 colpi. Il padre prima di morire le dà i documenti di una multiproprietà <<è tua>>e si accascia.

Arrivano moglie e figlia del padre adottivo e Luisa dice <<non so cosa è successo, è morto>>. Lei le chiede se ha sbriciolato le pillole nell'acqua per ucciderlo? "no". Lei va via, e la figlia del padre la saluta.

Va sul terrazzo, trova sua madre adottiva e le confessa <<ho ucciso un uomo>>, <<non preoccuparti>> le dice la madre con affetto".

Luisa – come abbiamo già detto – soffriva per la paura antica di non avere l'esclusiva come figlia (essendo adottata), di non avere l'affetto del padre, e anzi di subirne modalità negative verso di lei. L'odio accumulato insieme alle paure si esprime nel sogno ma con una risoluzione di queste sofferenze antiche. Il padre adottivo riconosce pienamente attraverso l'eredità il suo ruolo e il suo posto. E la figlia biologica del padre, inoltre, le esprime solidarietà con il saluto. Ma ancora di più c'è un rinsaldarsi positivo della relazione e della complicità con la madre che la tranquillizza.

Graziella 29 anni.

Sogno di Graziella: "Il nonno materno (che è morto) stava seduto nel salotto, c'era tutta la famiglia. <<io lo so che è morto ma noi lo vediamo, lo posso baciare, che ce ne importa che dicono che è morto!>>". Si è svegliata molto contenta.

Graziella in questo sogno recupera finalmente il piacere del rapporto avuto con il nonno, un piacere che è addirittura anche fisico nel toccarlo e baciarlo. E finalmente mette al suo giusto posto qualcosa che nella sua famiglia non era stato ben riconosciuto: la presenza positiva del nonno e il buon rapporto che aveva avuto con la sua nipotina.

Capitolo 6
Sogni ed Esperienze di Base
Il sogno: anticipazione di importanti cambiamenti terapeutici

Anticipazione di miglioramenti

Emma

Emma è una giovane donna che comincia la terapia dopo che frequenti attacchi di panico le avevano reso impossibile il camminare per strada da sola. Figlia di genitori separati, quando lei era molto piccola aveva da sempre dovuto badare a lei stessa. Diverse volte Emma porta in seduta dei sogni nei quali si vede camminare da sola, senza ansia, si vede calma, si vede persino affrontare le difficoltà di un cambio di sede del suo ufficio senza esserne per niente impaurita o angosciata. I sogni anticipano sistematicamente tutti i suoi miglioramenti.

Emma, sogno alla 14a seduta: "Riuscivo a camminare da sola e venivo a dirtelo".

Emma, sogno alla 20a seduta: "Era il giorno del mio matrimonio e non ero né spaventata né angosciata"

Emma, sogno alla 20a seduta: "Il mio ufficio era stato spostato ma io non ero agitata, ero calma"

Emma, sogno 30a seduta: "Camminavo da sola di notte e nel sogno mi rendevo conto di essere calma".

Caterina

Caterina, invece, ha bisogno di recuperare le parti positive e piacevoli dell'essere bambina. E' dovuta, infatti, crescere troppo in fretta, staccarsi dalla casa familiare e andare da sola per il mondo. Già alla 11a seduta questo è un tipico sogno che anticipa miglioramenti terapeutici.

"Su una parete ci sono foto di molti bambini e molti bambini nella stanza. Io faccio un massaggio ad un bambino che non riesce a camminare ed è triste perché la madre non viene a fargli un regalo. Io gli dico di non preoccuparsi perché quando le mamme hanno altri piccoli non possono aiutarti a camminare. Il bambino si sente male e io gli dico di non spaventarsi perché se uno vomita caccia qualcosa di brutto che ha dentro".

Caterina sembra aver raggiunto una condizione di tranquillità rispetto al non aver avuto aiuto da piccola (sciogliendo anche rabbia, rancore e tristezza), tanto da poter aiutare e consolare il bambino nel sogno. Ed è altrettanto chiaro che in terapia lei ha sentito che si buttano fuori le cose che hanno fatto star male.

Mariella

Mariella deve recuperare la Forza calma, specie nelle relazioni con i genitori, con i quali ha esplosioni di rabbia e ferite antichissime. Il suo diventare adulta è stato difficile, anche perché oppressa da antichi sensi di confusione di quando era bambina, confusione specie nel rapporto con il padre e i suoi conflitti con la moglie. Il padre ha avuto problemi di alcolismo e Mariella ha dovuto tenere nascoste dentro di sé cose che il padre finiva per farle conoscere (padre che poi si è separato dalla madre.

Questo sogno anticipa di molto la sua capacità di affrontare il padre con determinazione ma con calma, una cosa del tutto nuova nella sua vita, che riuscirà a mettere in atto esattamente in questo modo qualche mese più tardi:

"Mio padre ritornava a Napoli, e io so che aveva ripreso a bere. Io ci parlo, facendogli capire che ci rimango male, che mi sono stancata di doverlo rincorrere su questo problema. Ma non sono angosciata".

Dopo un periodo difficile ma profondo di terapia, fa due sogni che anticipano la sua tranquillità di prendere decisioni sia rispetto alla scuola dove iscrivere la figlia sia rispetto alla casa dove ha sempre vissuto e che dovrebbe comprare. Nei sogni decide, serena e determinata; cosa che nella realtà non riesce ancora a fare.

"Ero nella casa di quando ero bambina, ma era anche la scuola di lingua francese dove vorrei iscrivere mia figlia (in continuità dell'esperienza che lei stessa ha fatto vivendo in Francia per un certo tempo). Era bello ed ero contenta che mia figlia stesse là e prendesse qualcosa di me. C'è un terrazzo con dei merli. Mia figlia si affaccia e non ha paura e io non mi preoccupo: e difatti non c'è pericolo perché sotto c'è un altro terrazzo".

"Vado a trovare mio padre: era la casa dove vivevamo da piccoli, con il caminetto dove cucinavamo le patate. Gli dico che si sarebbe dovuto assolutamente comprare quella casa, che lui l'avrebbe già dovuta comprare. E mio padre mi dà ragione, e mi sento sicura della decisione di comprarla io la casa".

Rossella 16 anni

Rossella, nel momento in cui arriva allo studio, ha subito un grave incidente stradale, deve ancora sottoporsi a diversi interventi chirurgici per ritornare alla normalità. Giovane studentessa di 16 anni, con il grande desiderio di viaggiare e andarsene dalla sua città natale appena completati gli studi, si trova ora nella situazione di poter perdere l'anno scolastico perché non riesce più a lasciare la casa. Un forte panico, la preoccupazione di dover correre al bagno a intervalli brevi, le rendono veramente triste e grigia l'esistenza. I suoi spostamenti sono molto rari e difficoltosi.

La possibilità ridotta dei suoi spostamenti fa esprimere attraverso i sogni l'Esperienza di Base dell'andare, del Prendersi spazio. Questi sogni ci indicano che la sua capacità di andare sarà presto ristabilita e che sul piano cognitivo questo Funzionamento di fondo è già attivo e sta espandendosi su tutti i piani del Sé.

"Mi era impossibile uscire di casa ma scopro che posso entrare nei quadri appesi alle pareti andando avanti e indietro nel tempo, così come posso viaggiare spostandomi in luoghi e paesi diversi".

"Mi vedo in macchina, devo andare a Napoli ma non sono preoccupata del trovare un bagno se mi serve, sono contenta di andarci da sola".

Sogni tipici comuni

Nei sogni si possono reperire le condizioni in cui il paziente si trova nel cammino terapeutico di recupero delle Esperienze di Base (individuate nella diagnosi e indicate nel progetto si terapia). Ma ci sono anche sogni che si ripetono tipici per molti pazienti rispetto ad alcune Esperienze di Base che più frequentemente bisogna ricostruire.

Ad esempio, sogni *con automobile e altri veicoli* rappresentano quasi sempre l'azione di guidare la nostra vita; complicazioni nella guida esprimono difficoltà circa il Controllo e il Lasciare. Nei sogni di guida, all'inizio della terapia il paziente può sognare di essere in macchina con il terapeuta ma è un passeggero, non guida (EBS Essere Presi, Portati, guidati). A fine terapia il paziente sogna di essere lui stesso alla guida e porta gli altri.

Sognare di *essere incinta* può riferirsi al poter far nascere qualcosa di nuovo nella persona, una "nuova vita"; e questo anche quando si sognano *bambine o bambini piccoli*.

Sognare *una persona che muore* non è detto che sia legato solo alla paura che l'altro ci abbandoni; può anche essere la chiarezza di essere arrivati finalmente ad essere Separati da questa persona.

Molto spesso si sognano *case in costruzione o in ristrutturazione*, case con nuovi elementi che le migliorano, case nuove, case belle; ed è evidente che si tratta della persona stessa che si sta ricostruendo con la terapia, del suo Sé con stanze e piani che potrebbero riguardare i vari aspetti della sua vita (quella più sociale, quella che si mostra di più o quella più profonda e nascosta).

Ma molte volte le *case* sono quelle *in cui la persona ha realmente abitato* in alcuni periodi della sua vita precedente o da bambina, e questo ci permette di capire a che epoca fa riferimento il sogno.

A volte si sogna di *volare*, un sogno che è sempre bello e piacevole (può essere anche un semplice galleggiare senza peso nell'aria): è un sogno che indica chiaramente Leggerezza, Vitalità, capacità che si sono aperte andando al di sopra di situazioni pesanti e opprimenti.

Ci sono sogni caratteristici che hanno per tema il *mare*, ma *un mare scuro* in cui non si vede sotto, anche a volte un mare che sale di livello, o che ha onde che possono investire e immergere la persona. Sono sogni che indicano paura per quello che ci può esserci nel profondo della persona, ma che esprimono nettamente anche la necessità di farsi travolgere un po' senza dover Controllare sempre tutto.

Si può a volte sognare di *essere non vestiti* per strada, o con qualcosa fuoriposto, il che ci ricollega a difficoltà e problemi nell'Esperienza di Base del Mostrarsi.

Sognare di compiere *escrezioni fisiologiche* (feci e pipì) è spesso un chiaro riferimento al bisogno di Lasciare, di Allentare.

Ci sono spesso, infine, sogni di *animali*, che la persona ha o ha avuto nella sua vita, o che ama particolarmente, e che indicano aspetti positivi del Sé.

Ma naturalmente – come abbiamo già detto – i vari sogni, al di là di alcune condizioni che sono comuni per molto pazienti, vanno visti sempre in relazione alla vita di ogni singola persona. Quello che è importante - ribadiamolo ancora – è cercare di non fare "interpretazioni" nel senso classico del termine ma riferirsi sempre il più possibile ad elementi della vita reale del soggetto.

Sogni ed Esperienze di Base

EBS Controllo
Luisa 19 anni
Sogno di Luisa (fatto più volte): "Nella strada dove abita la nonna (buona) c'è ghiaccio, scivola con lo slittino e si ferma solo su un mucchio di neve più in là".

In questo sogno (come in altri con l'auto o la bici) c'è il classico elemento della perdita di Controllo: non controllare più un veicolo, in questo caso lo slittino. Ed è positivo perché lei cerca sempre di controllare tutto e tutti, il proprio ragazzo, il padre e si mette sempre in mezzo tra padre e madre quando fanno polemiche tra di loro.

EBS Giocosità e Vitalità
Luisa 19 anni
Sogno di Luisa: "Lei parlava con Michele (il suo ragazzo) e gli chiede di giurare che lei è l'unica; lui non giura; <<c'è un'altra nel tuo cuore?>> chiede lei. E lui risponde con un'azione: ballano insieme con gioia il tip tap, e un signore che insegna passi di tip tap.

Invece di ricercare come sempre la rassicurazione alla sua gelosia con le parole, finalmente c'è un modo nuovo, cioè un agire, un muoversi insieme con Gioiosità e divertimento (il tip-tap). E che la Gioiosità sia recuperata in terapia è visibile nel signore che insegna i passi di tip-tap.

Tullia 32 anni

Sogno di Tullia (dopo un lungo periodo di totale assenza di sogni): "Con i miei cuginetti ero nella campagna dei miei nonni ed ero su una piccola altalena legata al ramo di un albero. Mi divertivo ad andare sempre più in alto".

Nella vita di Tullia non c'è stato molto spazio per la spensieratezza e l'allegria. L'assenza per lunghi periodi del padre, la madre con problemi psichiatrici gravi, sono state le cause di questa mancanza che ha finito per far sentire troppo a Tullia il peso delle responsabilità e della vita soprattutto con la nascita del suo secondo figlio. In questo e in sogni analoghi, possiamo vedere che Tullia comincia a sentire di poter essere più "leggera e spensierata", può riprendersi un po' di gioiosità e giocosità anche nelle piccole cose di ogni giorno.

EBS Tenerezza

Antonia 38 anni

Sogno di Antonia: "In un bar incontra uno conosciuto in ospedale e che le era piaciuto (un mix fisico tra madre e padre). Lui è premuroso (il marito è l'opposto). Vicino e abbracciata a lui sente calore e tenerezza (ma niente di sessuale). E'stata bene".

Il sogno ribadisce il bisogno di Antonia di tenerezza e di coccole, che spesso nella vita reale viene confuso con l'attrazione sessuale, e che lei finalmente sta recuperando senza confonderlo con altro.

EBS Fragilità
Melina 30 annui
Sogno di Melina: "Un palazzo crollava, ma lei non si faceva niente. Anche il padre faceva sì che lei non si facesse male. E poi c'era una tigre, ma stava dietro un vetro e non poteva farle niente".

Melina, che ha sempre sentito di essere troppo vulnerabile, di essere possibile oggetto di attacchi che le potevano fare male, recupera l'Esperienza di Base della Fragilità senza più l'alterazione della eccessiva vulnerabilità.

EBS Desiderare
Melina 30 anni
Sogno di Melina: "Sentiva di desiderare fortemente la cioccolata. Poi la domenica ha cucinato il dolce che faceva la nonna. Ha cucinato anche la pizza di scarole, che per lei era una delizia quando era piccola. E ha fatto anche le cotolette perché le era venuta voglia".

In modo molto evidente, Melina in questo sogno tira fuori tanti desideri sui piatti che le piacciono e le piacevano, segno di un pieno recupero della Esperienza di Base del Desiderare.

EBS Forza calma

Mara 45 anni

Sogno di Mara: "Dei ladri entravano in casa ma lei riusciva a difendersi con grande efficacia e calma".

Altro sogno di Mara:"L'infermiera compagna di Andrea (attuale) (ignorante e cafona) aggrediva Mara e anche le 3 figlie di questa l'aggredivano. Mara dice <<"ma voi siete bambine, non potete perdere tenerezza, queste cose non si fanno>>". E dice a questa donna: <<lasciatemi in pace!>>

Aggredita da una donna (l'attuale compagna del marito) che Mara considera ignorante, grossolana e molto diversa da lei, aggredita anche dalle sue figlie, mette a posto questa donna e le bambine senza dover fare lo stesso lei, senza scendere allo stesso livello, con una bella e ritrovata Forza calma.

EBS Progettare

Mara 45 anni

Sogno di Mara: "C'era una scala che saliva verso l'alto, ad altri piani di una casa in costruzione. E c'era anche una figura che la teneva su per la salita. <<Ma io dove sto veramente?>> si chiede Mara. La figura che l'aiutava era il suo terapeuta, e lei si trova con lui da un lato completamente diverso di questa bella casa. E lì c'era una dispensa con tante cose buone da mangiare e tante ricette nuove da provare!"

Questo salire corrisponde ad andare su "nuovi piani", più alti, nuove cose da fare, aiutata dal suo terapeuta. E Mara sente di poter andare su nuove cose, nuovi Progetti da sperimentare.

EBS Senso del Bello, Sacro

Graziella 29 anni

Sogno di Graziella: "Stava in una caverna dorata. In fondo alla caverna trova un calice dorato (come quelli per la messa). Vi ha guardato dentro, c'era dell'acqua (la vera cosa preziosa). E sull'acqua immagini di mamma, papà, la nonna".

La caverna dorata è bella, il calice anche, ed è anche il "sacro". L'acqua è la vita, tanto che sull'acqua compaiono le immagini delle persone care.

EBS Mostrarsi Femminilità

Graziella 29 anni

Sogno di Graziella: "Sta a casa, Fa per uscire e si accorge che è in "desabillé". Trova una giustificazione <<Non c'è niente di male che sto cosi, in realtà sono vestita>>".

Qui la paziente recupera la sua femminilità e la possibilità di mostrarsi senza la sua vecchia vergogna. Può mostrare più femminilmente, ma non in maniera spudorata (ritenendo che in realtà è vestita).

EBS Affrontare

Graziella 29 anni

Sogno di Graziella: "Sta a casa della nonna, dove ci sono 2 entrate. Entra da dietro, ci sono 2 cani grandi, il rottweiler le salta addosso da dietro. Lei si gira e il cane cerca di attaccarla ma lei l'affronta e il cane non le dava morsi. Lei camminava con il cane che cercava di appendersi a lei, senza riuscirci".

Graziella riesce finalmente a non sentirsi più in balia di attacchi, tanto che si gira per Affrontare il cane e riesce così a tenerlo a bada senza più paura.

EBS Alleanza
Graziella 29 anni

Sogno di Graziella: "Tutte le ragazze che stavano in vacanza nella stessa località andavano a divertirsi nei locali. Allora lei cerca l'amica e vanno insieme in giro. Gioia, divertimento, e un po' esaltata dalle serate".

Graziella fa un movimento attivo per procurarsi una vera Alleata. C'è l'Alleanza recuperata in pieno, ma anche il divertimento, lo slancio vitale, l'esaltazione.

EBS Essere portata Guida positiva
Graziella 29 anni

Sogno di Graziella: "Erano su di un pullman come in una gita; c'erano tutti, anche la sua collega con la figlia. Il terapeuta era alla guida del pullman, e lei è contenta e serena rispetto a dove stanno andando".

Graziella si lascia portare e guidare, e insieme a lei anche persone a cui è legata, e bambini, con molta serenità.

Bartolo 45 anni

Sogno di Bartolo: "La sua terapeuta, lui e la moglie erano insieme e guardavano il loro figlio che cominciava a camminare" (al momento del sogno il figlio ha 14 anni).

Bartolo ha vissuto momenti difficili; nella sua storia sono state prevalentemente carenti una guida calma e sicura. Dopo la nascita del suo unico figlio ha vissuto con la moglie momenti di forte preoccupazione per una diagnosi fatta al figlio. Quando arriva a fare questo sogno Bartolo ha recuperato una sua calma e sente nella terapia un importante punto di riferimento e di Guida. Il figlio piccolo che comincia a fare i primi passi sotto gli occhi attenti della moglie e della terapeuta è in fondo sia il figlio che sta bene senza pericoli di malattie sia lui stesso, che queste figure femminili positive guardano con senso di protezione.

EBS Sensazioni e Percepire
Tina 20 anni
Sogno di Tina: "In un palazzo, lei è in alto sulle scale, in basso sotto vede un uomo di colore che la guarda e che vuole dei soldi (lei è spaventata dagli afroamericani). L'amica le passa delle monete e così lei gli lancia giù dalle scale tre monete da un euro, con un certo disgusto".

Tina sta frequentando un ragazzo con il quale consapevolmente ha deciso di vivere le sue prime esperienze relative alla sessualità. E' lei stessa che descrive questo ragazzo carino ma con interessi e valori completamente diversi dai suoi. In questo sogno Tina percepisce tutto della sua reale situazione. Lei percepisce questo ragazzo come socialmente e cognitivamente molto al di sotto rispetto a lei (lei in alto, lui in basso; lei stessa, parlando in altre occasioni, aveva usato l'espressione –non vale tre soldi-). Gli lancia tre monete con disgusto, ma nonostante ciò in fondo in fondo teme di potersi legare troppo e poi stare male (nel sogno la figura è quella di un extracomunitario che un po' la spaventano) e questa eventualità la preoccupa.

Conclusioni

Il Neo-Funzionalismo ha fornito un diverso e più ampio modo di vedere il sogno, collegandolo direttamente al funzionamento più vero, più simile all'organizzazione del Sé, in vari momenti della vita del paziente, in vari momenti del percorso terapeutico, in collegamento con varie Esperienze di base.

Il sogno in questa prospettiva non rappresenta più solo il piano dei desideri o quello delle fantasie, ma il Sé in tutte le sue molteplici potenzialità, espresse e non espresse. I sogni ci danno elementi utili relativamente alla comprensione della condizione complessiva del Sé del paziente.

Man mano che la terapia procede anche il contatto con il Sé si dipana: diviene ancora più chiaro, aperto, evidente. I sogni diventano così meno criptici, si sogna apertamente il terapeuta, i propri genitori, le cose che sono cambiate e quelle che devono cambiare.

I sogni, quindi, costituiscono un sistema di verifica dei cambiamenti, suggestivo e convincente, che mette realmente in contatto i pazienti con tutti i *movimenti* del proprio Sé.

BIBLIOGRAFIA

Freud S. (1899 [1900]), L'interpretazione dei sogni in "Opere 3", Torino, Boringhieri, 1966.

Kohut H. (1977), The Restoration of the Self. New York: Int. Univ. Press (La guarigione del Sé, Boringhieri, Torino 1980

Kohut H. (1959-78) La ricerca del sé, Boringhieri, Torino, 1982.

Jacobi J. Complesso, archetipo, simbolo nella psicologia di C. G. Jung, Boringhieri, Torino 2004

Jung C. G. (1909), L'analisi dei sogni, Boringhieri, Torino, 1978

Migone P. (1995), Terapia psicoanalitica., FrancoAngeli, Milano (nuova edizione 2010)

Migone P. (1988), Le terapie brevi ad orientamento psicoanalitico: origini storiche, principali tecniche attuali, discussione teorico-critica, ricerche sull'efficacia, formazione, Psicoterapia e Scienze Umane, 3, XXII.

Morin E. (1982), Scienza con coscienza, Angeli, Milano, 1984.

Morin E. (1985), Le vie della complessità, in Bocchi G., Ceruti M., (a cura di), "La sfida della complessità", Feltrinelli, Milano.

Perls F., Hefferline R. F., Goodman P., (1951), Teoria e pratica della terapia della Gestalt, Astrolabio, Roma, 1971.

Polster E., Polster M., (1986), Terapia della Gestalt integrata, Giuffrè, Milano.

Rispoli L. (1993), Psicologia Funzionale del Sé, Astrolabio, Roma

Rispoli L. (1999), La capacità immaginativa: un ulteriore elemento di integrazione nella psicologia Funzionale, in Di Nuovo S. (a cura di) "Mente e immaginazione" - Franco Angeli, Milano

Rispoli L. (2004), Esperienze di Base e sviluppo del Sé, Franco Angeli, Milano

Rispoli L. (2014), Il Manifesto del Funzionalismo Moderno, Alpes, Roma

Rispoli L. (2016), Manuale delle Tecniche del Neo-Funzionalismo, SEF-Amazon, Edizione

Rispoli L.(2016), Il corpo in psicoterapia oggi. Neo-Funzionalismo e Sistemi Integrati, FrancoAngeli, Milano

Reich W. (1942), La funzione dell'orgasmo, Sugarco, Milano, 1969

Stern D. (2011), Le forme vitali, Raffaello Cortina, Milano

Woods D.W., Kanter J. W., Anchisi R., Stefanini S. (2016), Disturbi psicologici e terapia cognitivo-comportamentale. Modelli e interventi clinici di terza generazione, FrancoAngeli, Milano

Grazie per aver letto questa pubblicazione!

Ti presentiamo nelle prossime pagine
la nostra Scuola e il Corso di
Specializzazione in Psicoterapia Funzionale.

www.psicologiafunzionale.it

La Scuola ti fornisce **metodologie e tecniche di intervento concrete e precise**, sia a livello individuale che di gruppo, poiché **puntiamo molto sulla ricerca** ed utilizziamo le scoperte più avanzate delle neuroscienze e di altre discipline attigue.

Ti avvarrai di una scuola **tra le prime in Italia** nella valutazione relativa ai livelli di qualità messi a punto dal Coordinamento Nazionale Scuole di Psicoterapia.

Crediamo nella formazione e nella crescita professionale, per questo motivo ti proponiamo un **ventaglio formativo molto ampio** che parte dai seminari e dai workshop gratuiti fino ad arrivare ai Master Specialistici ed alla Scuola di Psicoterapia (Quadriennale) dove prevediamo anche la possibilità di ottenere **Borse di Studio**.

Riconoscimenti della Scuola

- Membro del **CNSP** (Coordinamento Nazionale delle Scuole di Psicoterapia) dal 2001.

- Riconosciuta dall'**EABP** (European Association of Body Psychotherapy) dal 1987.

- Membro del Forum dell'**EABP** dal 1998.

- Aderente alla **SPR** (Società di Ricerca in Psicoterapia).

- Membro fondatore del **CSITP** (Comité Scentifique International de Thérapie Psycho Corporelle) dal 1987.

CORSO QUADRIENNALE

Specializzazione in Psicoterapia Funzionale
Corso riconosciuto dal MIUR

Specializzazione riconosciuta secondo l'art. 3 legge 56/89. Sono ammessi alla scuola i laureati in Psicologia e Medicina iscritti ai relativi albi professionali. L'iscrizione è subordinata alla valutazione di conoscenze, capacità, esperienze, motivazioni all'attività di psicoterapeuta, e della situazione clinica personale.

Programma formativo

Si articola per ciascun anno in: -Insegnamenti teorici - Gruppo didattico -Laboratori e seminari -Stages intensivi – Supervisione -Tirocini interni -Tirocini esterni.

Forma dei Corsi

Il monte ore totale (500 ore l'anno di cui 100 di tirocinio esterno) si svolge in un incontro ogni mese da Gennaio a Dicembre), oltre ai 3 intensivi di 3 giorni, e agli incontri previsti per Laboratori, Seminari e Tirocini interni.

Valutazione

Verrà effettuata tramite verifiche in itinere e finali: esami, colloqui, valutazioni di capacità operative acquisite, tesi di ricerca.

Diploma

Alla fine dei quattro anni, completati tutti gli adempimenti richiesti, verrà rilasciato il Diploma di Specializzazione in Psicoterapia secondo l'art.3 della Legge 56/89.

Sedi SEF

- Napoli (sede centrale)
- Catania
- Firenze
- Padova
- Roma
- Benevento
- Brescia
- Lecce
- Milano
- Palermo
- Trieste

Per informazioni

- Tel. 081 03.22.195 (Sede Centrale, informazioni per tutte le sedi).
- formazione@psicologiafunzionale.it
  www.psicologiafunzionale.it

www.ingramcontent.com/pod-product-compliance
Lightning Source LLC
Chambersburg PA
CBHW050411290526
45786CB00003B/1222